古典文獻研究輯刊

三八編

潘美月・杜潔祥 主編

第35冊

《說文解字》今注
（第十冊）

牛尚鵬 著

國家圖書館出版品預行編目資料

《說文解字》今注（第十冊）／牛尚鵬 著 -- 初版 -- 新北市：
花木蘭文化事業有限公司，2024〔民 113〕
目 2+220 面；19×26 公分
（古典文獻研究輯刊 三八編；第 35 冊）
ISBN 978-626-344-738-7（精裝）
1.CST：說文解字 2.CST：注釋
011.08   112022600

古典文獻研究輯刊
三八編　第三五冊　　　　　　　ISBN：978-626-344-738-7

《說文解字》今注
（第十冊）

作　　者　牛尚鵬
主　　編　潘美月、杜潔祥
總 編 輯　杜潔祥
副總編輯　楊嘉樂
編輯主任　許郁翎
編　　輯　潘玟靜、蔡正宣　美術編輯　陳逸婷
出　　版　花木蘭文化事業有限公司
發 行 人　高小娟
聯絡地址　235 新北市中和區中安街七二號十三樓
　　　　　電話：02-2923-1455／傳真：02-2923-1400
網　　址　http://www.huamulan.tw 信箱 service@huamulans.com
印　　刷　普羅文化出版廣告事業
初　　版　2024 年 3 月
定　　價　三八編 60 冊（精裝）新台幣 156,000 元

《說文解字》今注
（第十冊）

牛尚鵬　著

目

次

卷十四下

阜部

阜 𨸏 fù　　　大陸，山無石者。象形。凡阜之屬皆从阜。〔房九切〕𨸏 古文。

【注釋】

本義是大土山。

類似土山的東西也叫阜，如「陰阜」。引申出盛大義，如「阜盛」。北京內城九門有「阜成門」，明清及後來很長時間，城內所需煤炭皆由此運入，故舊城門洞上畫有梅花。引申有生長義，《國語》：「助生阜也。」

從阜之字多與山有關，作偏旁隸變作阝，俗稱左耳朵。邑作偏旁隸變作阝，俗稱右耳朵，多跟地域名稱相關。古陸、阜、陵、阿都是土山名，依次增大。大陸曰阜，大阜曰陵，大陵曰阿。

段注：「高平曰陸，謂土地豐正，名為陸；陸上地獨高大，名曰阜；阜最大，名為陵。引申之為凡厚、凡大、凡多之稱。《秦風》傳曰：阜，大也。《鄭風》傳曰：阜，盛也。《國語》注曰：阜，厚也。皆由土山高厚演之。」

陵 𨸠 líng　　　大阜也。从阝，夌聲。〔力膺切〕

【注釋】

本義是土山。

今有「丘陵」，「陵谷」謂高低地勢的變動。引申出墳墓義，多指高大的墳墓，古

有「高平陵」，今有「陵墓」「陵園」「黃帝陵」「中山陵」「十三陵」「清東陵」「清西陵」「關外三陵」。丘的本義也是土山，也引申出陵墓義，同步引申也。

段注：「《釋地》、毛傳皆曰：大阜曰陵。《釋名》曰：陵，隆也，隆高也。按引申之為乘也、上也、躐也、侵陵也、陵夷也。皆夌字之假借也，《夂部》曰：夌，越也。一曰：夌彳也。夌彳，即陵夷也。」據段注，今陵之諸常用義乃「夌」之假借。「陵」「凌」之別，見前「凌」字注。

常用義升、登也，如「經通谷，陵景山」。引申有乘、凌駕、越過義，如「凌駕」「氣勢凌人」，又作「陵駕」「陵人」。《史記》：「陵水經地。」引申有侵犯、欺侮義，如「少而陵長」「欺凌」。引申有嚴峻、嚴厲也，今有「陵厲」，又作「凌厲」。

引申有磨礪義，《荀子》：「兵刃不待陵而勁。」磨、陵都有接近義、磨礪義，同步引申也。「陵遲」「陵夷」謂山體緩緩傾斜之狀，引申出衰落義，如「王道陵遲」。刑法有「陵遲」者，取其緩緩而死之義，如山勢之斜緩也。

鯀 鯀 hùn 　　大阜也。从阝，鯀聲。〔胡本切〕

【注釋】

鯀是一種大魚，聲兼義也。

阞 阞 lè 　　地理也。从阝，力聲。〔盧則切〕

【注釋】

阞謂地的脈理。又通「仂」，餘數也。

段注：「按力者，筋也。筋有脈絡可尋，故凡有理之字皆從力。阞者，地理也。朸者，木理也。泐者，水理也。《手部》有扐，亦同意。」

陰 陰 yīn（阴） 　　暗也。水之南、山之北也。从阝，侌聲。〔於今切〕

【注釋】

簡化字阴乃古俗字也。本義是陰暗，引申為暗中，為陰險，為背面，如「碑陰」。

段注：「山北為陰，故陰字從阜。自漢以後通用此為黔字，黔古文作侌。夫造化侌易之氣本不可象，故黔與陰、易與陽皆假云日山阜以見其意而已。」

據《說文》，陰暗字本字當作侌，陰乃山北水南之字，實則侌乃初文，陰乃後起字。山北水南謂之陰，地名「湯陰」即在古湯水之南，「淮陰」在淮河之南，「華陰」在華山之北。

陽陽 yáng（阳）　　　高明也。从阝，易聲。〔興章切〕

【注釋】

阳乃另造之俗字也。一句數讀，高也，明也。

段注：「不言山南曰陽者，陰之解可錯見也。山南曰陽，故從阜。毛傳曰：山東曰朝陽，山西曰夕陽。」《說文》：「易，開也。」段注：「此陰陽正字也，陰陽行而会易廢矣。」易實乃陽之初文也。

陽光引申出溫暖義，《詩經》：「春日載陽。」謂春天開始暖和了。《詩經》：「我朱孔陽，為公子裳。」陽者，明也。《小爾雅》：「晏、明，陽也。」哲學家有王陽明。山南水北謂之陽。衡陽在衡山之南，洛陽在洛水之北。陽關在玉門關之南，故稱。

陸陸 lù（陆）　　　高平地。从阝，从坴，坴亦聲。〔力竹切〕𨽦，籀文陸。

籀文陆。

【注釋】

陆乃草書楷化字形。本義是高平的土地。

段注：「《土部》坴下曰：土塊坴坴也。然則陸從坴者，謂其有土無石也。」「陸離」謂色彩繁雜，今有「光怪陸離」；又分散貌，如「毛群陸離，羽族紛泊」。

阿阿 ē　　　大陵也。一曰：曲阜也。从阝，可聲。〔烏何切〕

【注釋】

本義是大的土堆。

從可之字多有大義，見前「荷」字注。引申出大山義，如「訪風景於崇阿」。山多彎曲，「一曰：曲阜」者，指山的彎曲處，如「山阿」，《山鬼》：「若有人兮山之阿。」

泛指彎曲，《說文》：「衺，一龍盤阿上鄉。」盤阿，猶盤曲也。又引申出屈從、祖護義，如「阿諛奉承」「剛正不阿」。《古詩十九首》：「阿閣三重階。」屋簷謂之阿，亦得名於彎曲也。

段注：「《毛詩》：菁菁者莪，在彼中阿。傳云：大陵曰阿。考盤在阿，傳曰：曲陵曰阿。各隨其宜解之也。《大雅》：有卷者阿。傳曰：卷，曲也。然則此阿謂曲阜也。

引申之，凡曲處皆得稱阿。是以《綿蠻》傳曰：丘阿，丘之曲阿。室之當棟處曰阿，《考工記》：四阿，若今四注屋。《左傳》：欒有四阿。毛傳：偏高曰阿丘。許

書言：谷，口上阿也。皆是也。曲則易為美，故《隰桑》傳曰：阿然，美皃。凡以阿言私曲，言昵近者，皆引申叚借也。」

陂 𨸏 bēi 　阪也。一曰：池也。从𨸏，皮聲。〔彼為切〕

【注釋】

本義是山坡。

引申有傾斜義，《周易》：「無平不陂。」「陂陁」或「陂陀」，謂傾斜不平。常用義是堤岸和池塘，如「陂池」「陂塘」，《廣雅》：「陂，池也。」塘既有堤岸義，又有池塘義，同步引申也。

段注：「陂與坡音義皆同，凡陂必邪立，故引申之義為傾邪。《子虛賦》：『罷池陂陀。』言旁頹也。《易》：無平不陂。《洪範》：無偏無陂。一曰：池也。陂得訓池者，陂言其外之障，池言其中所蓄之水，故曰：劉媼嘗息大澤之陂。謂大澤之旁也。曰：叔度汪汪若千頃陂。即謂千頃池也。

湖訓大陂，即大池也。《陳風》：彼澤之陂。傳曰：陂，澤障也。《月令》注曰：畜水曰陂。凡經傳云陂池者，兼言其內外，或分析言之，或舉一以互見，許池與陂互訓，渾言之也。」

阪 𨸏 bǎn（坂） 　坡者曰阪。一曰：澤障。一曰：山脅也。从𨸏，反聲。〔府遠切〕

【注釋】

本義是山坡，同「坂」。《詩經》：「伐木于阪。」今有「阪上走丸」。《三國演義》有長阪坡。引申之堤岸也叫阪。「阪田」謂不肥沃的田地。

段注：「《釋地》、毛傳皆曰：陂者曰阪。許云：坡者曰阪。然則坡、陂異部同字也。《說卦》傳：其於稼也為反生。段借反為阪也。陂為澤障，故阪亦同。《小雅·阪田》箋曰：崎嶇磽埆之處也。」

陬 𨸏 zōu 　阪隅也。从𨸏，取聲。〔子候切〕

【注釋】

本義是山坡的一角。

泛指角落，東南陬即東南角。段注：「謂阪之角也，正月為陬，亦謂寅方在東北

隅也。引申為凡隅之稱。」正月叫孟陬，《離騷》：「攝提貞於孟陬兮。」夏曆正月即寅月，北斗星斗柄指向東北角的寅位。

《爾雅》有十個「月陽」、十二個「月陰」，即古代以十干紀月、十二地支紀月的別名。《爾雅·釋天》：「月在甲曰畢，在乙曰橘，在丙曰修，在丁曰圉，在戊曰厲，在己曰則，在庚曰窒，在辛曰塞，在壬曰終，在癸曰極。」《爾雅·釋天》：「正月為陬，二月為如，三月為病，四月為余，五月為皋，六月為且，七月為相，八月為壯，九月為玄，十月為陽，十一月為辜，十二月為涂。」

天屬陽，故名「月陽」，亦稱「月雄」，與之對應乃「月陰」，也叫「月雌」。郭璞注：「皆月之別名。」《史記·曆書》：「月名畢陬。」唐司馬貞索隱：「謂月值畢及陬訾也。畢，月雄也。陬，月雌也。」《爾雅·釋天》：「月在甲曰畢。」清郝懿行義疏：「月雄、月雌，即月陽、月陰也。畢陬乃以月陽配月陰，十二月皆然也。」

隅 𨻶 yú　　陬也。从阝，禺聲。〔噳俱切〕

【注釋】

本義是角落，如「日出東南隅」。

十二時辰中有「隅中」，成語有「負隅頑抗」，「廉隅自守」者，廉，邊也。隅，角也。《論語·述而》：「舉一隅不以三隅反，則不復也。」室有四角，故有「舉一反三」。「向隅而泣」者，謂對著屋子的一個角落而哭泣，喻得不到機會而失望。又指靠邊的地方，如「海隅」。王維《終南山》：「太乙近天都，連山接海隅。」

段注：「《考工記》：宮隅、城隅，謂角浮思也。《大雅》：惟德之隅。傳曰：隅，廉也。今人謂邊為廉，角為隅，古不別其字。亦作嵎，作堣。」

此「浮思」指角樓，上古至秦漢，城牆與宮殿的四角設角樓，用於瞭望、戒備。《周禮·考工記·匠人》：「宮隅之制七雉，城隅之制九雉。」鄭玄注：「宮隅、城隅，謂角浮思也。」朱駿聲《通訓定聲》：「屏上覆屏之屋為罘罳，故城隅及闕上之小樓亦曰浮思。」

或釋「宮隅」謂建於宮牆四角的高大圍屏；「城隅」謂城牆角上作為屏障的女牆。似皆不妥。《詩經》：「俟我於城隅。」亦非城牆角偏僻處，乃城上之望樓、角樓也。參「闕」字注。

險 𨽃 xiǎn　　阻難也。从阝，僉聲。〔虛檢切〕

【注釋】

連篆為讀，險阻，難也。

險的本義是路難走，危險是引申義，「化險為夷」的原義是把不好走的地化成平地，非今之義也。夷，平也，引申為平安。此反義詞之同步引申也。上古表示危險義時，一般用「危」不用「險」。「險」表路難走。

引申之，特殊的、奇異的謂之險，如「險語」「險衣」「險妝」。李賀寫詩喜用險韻，謂字數比較少的韻，字少則難找韻腳字，少則奇，越顯其水平之高。幾、殆、險既有危險義，又有將近義，如「我險些摔倒」，同步引申也。

限 𨻱 xiàn　　阻也。一曰：門榍。从𨸏，艮聲。〔乎簡切〕

【注釋】

本義是阻礙、限制。引申出界限、邊界義，今有「無限」。「一曰：門榍」，即門檻也，如「戶限」。

段注：「一曰：門榍也。此別一義，而前義可包之。《木部》曰：榍，門限也。是為轉注，其字俗作閯，作限。」

阻 𨸏 zǔ　　險也。从𨸏，且聲。〔側呂切〕

【注釋】

本義是險要之地。險要之地多可依侍，故引申出依仗義，《左傳》：「夫州吁阻兵而安忍。」

隹 𨼦 duì　　隹隗，高也。从𨸏，隹聲。〔都罪切〕

【注釋】

隹隗，即崔巍也。段注：「隹隗猶崔巍，亦猶嵾嵳，疊韻字也。」

隗 𨹹 wěi　　隹隗也。从𨸏，鬼聲。〔五罪切〕

【注釋】

本義是高也。

阮 𨸏 yǔn　　高也。一曰：石也。从𨸏，允聲。〔余準切〕

陾 𨻶 lěi　　磊也。从阝，𠈐聲。〔洛猥切〕

【注釋】

陾、㒹同源詞，見後「㒹」字注。

段注：「各本奪陾字，今補。磊陾猶磊砢也，疊韻字。」

陗 𨺬 qiào（峭）　　陵也。从阝，肖聲。〔七笑切〕

【注釋】

今作峭字。

本義即陡峭。「峭直」謂剛直也，如「秉性峭直」。引申有嚴峻、嚴厲義，如「嚴刑峭法」，即嚴刑峻法也。峻、峭皆有此二義，同步引申也。

段注：「凡斗直者曰陗，《李斯列傳》曰：樓季也而難五丈之限，跛牂也而易百仞之高，陗塹之勢異也。塹當為漸，陂陀者曰漸，斗直者曰陗。凡間出者曰庯陗，斗俗作陡，古書皆作斗。」

陵 𨼬 jùn（峻）　　陗高也。从阝，夋聲。〔私閏切〕

【注釋】

今作峻。引申出大義，今有「峻宇雕牆」。又有嚴厲義，今有「嚴峻」。「峭」也有陡峭、嚴峻義，同步引申也。

段注：「謂斗直而高也，卑者雖直，不得云陵矣。《山部》嵏或作峻，高也。此陵，陗高也。是峻、陵之別也。專言高者，或未必陗矣。陵古假借洒字為之。《邶風》曰：新臺有洒。傳曰：洒，高峻也。傳意謂經之洒，即陵之假借也。西聲、夋聲古音同在十三部。」

隥 𨼖 dèng　　仰也。从阝，登聲。〔都鄧切〕

【注釋】

登陟之道曰隥，亦作墱。即山道的臺階，又指有臺階的石橋。

段注：「仰者，舉也。《西都賦》：陵墱道而超西墉。《西京賦》：墱道邐倚以正東。薛曰：墱，閣道也。按閣道謂凌空如棧道者。」

陋 𨻍 lòu　　阨陜也。从阝，㔷聲。〔盧候切〕

【注釋】

本義是狹隘，如「陋室」「陋巷」。

引申為鄙陋，今有「孤陋寡聞」。引申少、簡略義，如「淺陋」「因陋就簡」。醜也叫陋，今有「醜陋」。邊遠地區也叫陋，《論語》：「子欲居九夷，或曰：陋。」「鄙陋」者，鄙亦有邊遠地區義，同步引申也。

陝 䧹 xiá（狹）　　隘也。从阝，夾聲。〔臣鉉等曰：今俗从山，非是。〕〔侯夾切〕

【注釋】

本義是狹隘。俗字作陿、峽、狹。峽、狹今分別異用。陝、陝有別。陝即陝西字。陝簡化作陝，故陝隘字不能再簡化作陝，採用狹字。

陟 䧌 zhì　　登也。从阝，从步。〔竹力切〕 䧒 古文陟。

【注釋】

本義是登山。

甲骨文作 䧘，李孝定《甲骨文字集釋》：「腳趾向上，象人登高上升之形。」引申為提拔、獎勵，《出師表》：「陟罰臧否，不宜異同。」

段注：「《釋詁》曰：陟，升也。毛傳曰：陟，升也。陟者，升之俗字。升者，登之假借。《禮·喪服》注曰：『今文《禮》皆登為升，俗誤已行久矣。』據鄭說則古文《禮》皆作登也。許此作登不作升者，許書說解不用叚借字也。漢人用同音字代本字，既乃不知有本字，所謂本有其字，依聲託事者然也。」

陷 䧟 xiàn　　高下也。一曰：墮也。从阝，从臽，臽亦聲。〔戶猎切〕

【注釋】

從高處陷入低下。

坑也叫作陷，今有「陷阱」。引申陷害義，《史記》：「三長史皆害湯，欲陷之。」今有「陷害」。引申之，穿透謂之陷，《韓非子》：「吾盾之堅，莫能陷也。」透則破，引申出攻破、攻佔義，今有「攻陷」「淪陷」。破則缺，故引申出缺點義，今有「缺陷」。

段注：「高下之形曰陷，故自高入於下亦曰陷，義之引申也，《易》曰：坎，陷也。」

隰 𤲒 xí　　阪下濕也。从阝，㬎聲。〔似入切〕

【注釋】

低濕地謂之隰，高平地謂之原，常「原隰」連用。新開發的土地謂之隰，蓋多為低濕之地也，《詩經》：「千耦其耘，徂隰徂畛。」

隔 𨽍 qū　　𨺅也。从阝，區聲。〔臣鉉等曰：今俗作崎嶇，非是。〕〔豈俱切〕

【注釋】

𨺅隔，即今之崎嶇也。

段注：「各本奪隔字，今補。《危部》攲篆下曰：攲隔也，此亦曰：攲隔也。攲隔以雙聲成文，謂傾側不安，不能久立也，不容刪一字矣。攲隔，他書作崎嶇。漢碑亦作嶇。」

隤 𨼦 tuí　　下隊也。从阝，貴聲。〔杜回切〕

【注釋】

隊，墜之初文。本義是墜落，如「紅日向西隤」。

引申出倒塌義，如「隤垣斷壁」。「隤廢」，本義謂建築物倒塌，喻精神不振。引申敗壞也，今有「隤風敗俗」。以上意義今多作「頹」字。今有「頹唐」。隤又有跌倒義。「隤然」，柔順貌也，如「隤然處順」。《說文》無頹字。

隊 𨽡 duì（队）　　从高隊也。从阝，㒸聲。〔徒對切〕

【注釋】

今簡化字作队，乃古之俗字也。隊乃墜之初文，本義是下墜。引申為軍隊編制單位，百人為一隊，猶一卒也。

段注：「隊、墜正俗字，古書多作隊，今則墜行而隊廢矣。百人為隊，蓋古語一隊，猶言一堆，物墮於地則聚，因之名隊為行列之稱。後人以墜入至韻，以隊入隊韻，而莫測其原委矣。」

降 𨽏 jiàng　　下也。从阝，夅聲。〔古巷切〕

【注釋】

段注：「《釋詁》曰：降，落也。古多假降為夅，《夂部》曰：夅，服也。《詩·召南》：我心則降。毛傳曰：降，下也。分為平去韻，而昧其原委矣。以地言曰降，故從阜。以人言曰夅，故從夂、屮相承。」

實則夅乃降之初文，投降即下於別人。「自宋元以降」，猶自宋元以下也，正用本義。

隕 yǔn　　從高下也。從阝，員聲。《易》曰：有隕自天。〔于敏切〕

【注釋】

段注：「《釋詁》曰：隕、下，落也。毛傳曰：隕，隋也。隋即陊（墮）字。」

本義是墜落，如「隕石」。引申出死亡義，今有「隕命」，該義又作「殞」。

陧 niè　　危也。從阝，從毀省。徐巡以為：陧，凶也。賈侍中說：陧，法度也。班固說：不安也。《周書》曰：邦之阢陧。讀若虹蜺之蜺。〔五結切〕

【注釋】

杌陧，危險也。今常指不安義，如「局勢杌陧」「心情杌陧」。

段注：「《秦誓》曰：邦之杌陧，《易》作隉㐌，許《出部》之槷㮆，不安也，皆字異而音義同。臬者，射準的也，有法度之意，《尚書·立政篇》臬訓法，《左傳》：陳之藝極。藝亦臬之叚借。賈謂陧為臬之叚借，故云法度也。」

阤 tuó　　小崩也。從阝，也聲。〔丈爾切〕

【注釋】

大的坍塌曰崩，小曰阤。

段注：「大曰崩，小曰阤。後人多用陊為之，古書或用褫為之。」

隓 huī（隳、墮）　　敗城阜曰隓。從阝，㚋聲。〔臣鉉等曰：《說文》無㚋字，蓋二左也。眾力左之，故從二左。今俗作隳，非是。〕〔許規切〕墯
篆文。

【注釋】

本義是毀壞、崩毀。今作隳。「隳突」謂衝撞、破壞也。重文墮（今簡化作堕），後分別異用。

段注：「嶞為篆文，則隓為古籀可知也。小篆隓作隓，隸變作堕，俗作隳。用堕為崩落之義，用隳為傾壞之義，習非成是，積習難反也。《虞書》曰：萬事墮哉。墮本敗城阜之稱，故其字從阜，引申為凡阤壞之稱。」

隕 𨼒 qīng　　仄也。从阝，从頃，頃亦聲。〔去營切〕

陊 𨽥 duò（墮）　　落也。从阝，多聲。〔臣鉉等曰：今俗作墮，非是。〕〔徒果切〕

【注釋】

段注：「按今字假墮為陊，而假陊為阤。義雖略相近，而實本不同。《召南》毛傳：盛極則隋落者梅也。又假隋為陊。」

隋非隋朝字，隋朝字本作隨，楊堅封地在隨，建國後，省辵作隋，遂與隋（音duò）字混同。見「隋」字注。

阬 𨺾 kēng（坑）　　閬也。从阝，亢聲。〔臣鉉等曰：今俗作坑，非是。〕〔客庚切〕

【注釋】

阬今俗字作坑。從亢之字多有高義，見前「亢」字注。

瀆 隬 dú　　通溝也。从阝，賣聲。讀若瀆。〔徒谷切〕𣿕古文隬，从谷。

【注釋】

隬、瀆實一字之異體。

防 𨽍 fáng　　隄也。从阝，方聲。〔符方切〕𡐦防，或从土。

【注釋】

本義是堤岸，如「堤防」。

段注：「引申為凡備禦之稱，防之俗作坊。《禮記》鄭目錄云：名曰《坊記》者，

以其記六藝之義，所以坊人之失者也。俗又以坊為邑里之名。」

隄 𨻮 dī（堤）　　唐也。从阝，是聲。〔都兮切〕

【注釋】

今俗作堤。唐常用義是堤岸和池塘。堤又指陶器的底座，《淮南子》：「瓶甌有堤。」

段注：「唐、塘正俗字。唐者，大言也。假借為陂唐，乃又益之土旁作塘矣。隄與唐得互為訓者，猶陂與池得互為訓也。其實，窊者為池、為唐，障其外者為陂、為隄。按或作埞，此猶『麟之定』，即『麟之題』也。」

阯 𨸏 zhǐ（址）　　基也。从阝，止聲。𡊮 阯，或从土。〔諸市切〕

【注釋】

今通行重文址。

本義是地基，引申為今地址義。引申山腳謂之址，王安石《遊褒禪山記》：「唐浮屠慧褒始舍於其址。」段注：「址與止音義皆同。止者，艸木之基也。址者，城阜之基也。」

陘 𨹟 xíng　　山絕坎也。从阝，巠聲。〔戶經切〕

【注釋】

坎，坑也。山脈中斷，形成坑。

本義是山脈中斷的地方。陘乃兩山之間的狹隘通道，古有太行八陘，皆指太行山中斷之處形成的橫谷，是古代晉冀豫三省穿越太行山相互往來的八條咽喉通道。山西的許多條河流切穿太行山，自南而北有：沁河、丹河、漳河、滹沱河、唐河、桑乾河等等，於是形成幾條穿越太行山的峽谷。

段注：「《釋山》曰：山絕，陘。按今《爾雅》奪坎字。郭注云：連山中斷絕。非是。河北八陘：一曰軹關陘，二曰太行陘，三曰白陘，四曰滏口陘，五曰井陘，六曰飛狐陘，七曰蒲陰陘，八曰軍都陘。戴先生《水地記》曰：此皆兩山中隔，以成隘道也。先生所論八陘最為明析，而山絕坎之訓亦明。

凡天下之地勢，兩山之間必有川焉，則兩川之間必有山焉，是為坎象。坎者，陷也。陷者，高下也。高在下間為陷。陘者，一山在兩川之間，故曰山絕坎。絕猶如絕

流而渡之絕，其莖理互於陷中也。」

附　𨺀 fù　　附婁，小土山也。从𨸏，付聲。《春秋傳》曰：附婁無松柏。
〔符又切〕

【注釋】

附婁，常寫作培塿。

段注：「《左傳·襄二十四年》：子大叔曰：部婁無松柏。杜注：部婁，小阜。服虔曰：喻小國。按或作培塿。《說文》以坿為坿益字，從土。此附作步口切，小土山也。玉裁謂《土部》：坿，益也。增益之義宜用之，相近之義亦宜用之，今則盡用附，而附之本義廢矣。」

附近、附加本字當作「坿」，見前「坿」字注。引申為捎帶義，杜甫《石壕吏》：「一男附書至，二男新戰死。」今有「附帶」。

阺　𨸰 dǐ　　秦謂陵阪曰阺。从𨸏，氐聲。〔丁禮切〕

【注釋】

本義是山的側坡，同坻、坁。又指山崖突出的部分，如「頹岸傾阺」。

段注：「大阜曰陵，坡曰阪，秦人方言皆曰阺也。」

阢　𨺝 wù　　石山戴土也。从𨸏，从兀，兀亦聲。〔五忽切〕

【注釋】

戴，頂也。今有「不共戴天」。杌陧，又寫作「阢陧」，不安貌。

段注：「戴，小徐作載。《釋山》曰：石戴土謂之崔嵬。然則崔嵬一名阢也。」

隒　𨽯 yǎn　　崖也。从𨸏，兼聲。讀若儼。〔魚檢切〕

【注釋】

今「邊隒」「隒隅自守」之同源詞也，如「隒遠地，則堂高」。

段注：「按今俗語謂邊曰廉，當作此字。《王風》傳曰：浼者，厓也。滸者，隒也。蓋平者曰厓，高起者曰隒。」

阨　𨹉 è（阸）　　塞也。从𨸏，㘝聲。〔於革切〕

【注釋】

隸變作阨。阨之言扼也。

本義是阻塞，險要（之處），如「阨塞之地」「險阨」。又指窮困、災難，如「阨運」。又指阻塞、受困，如「阨於海上」。又通「隘」，如「窮閭阨巷」。該四義亦可寫作「厄」。

隔 gé　　障也。从𨸏，鬲聲。〔古核切〕

障 zhàng　　隔也。从𨸏，章聲。〔之亮切〕

隱 yǐn　　蔽也。从𨸏，㥯聲。〔於謹切〕

【注釋】

簡體字隐乃草書楷化字形。

本義是隱藏。引申有短牆義，《左傳》：「逾隱而待之。」引申為深奧，如「探賾索隱」。引申出瞞著義，今有「隱瞞」。引申出傷痛義，今有「惻隱之心」。「隱几而臥」者，隱，靠也。

段注：「若《孟子》『隱几』字則當為㥯。《受部》曰：㥯，有所據也。隱行而㥯廢矣。凡諸書言安隱者當作此。今俗作安穩。」

隩 yù　　水隈，崖也。从𨸏，奧聲。〔烏到切〕

【注釋】

水的彎曲處。

段注：「《釋丘》曰：厓內為隩，外為鞫。《毛詩》：瞻彼淇奧。傳曰：奧，隈也。奧者，隩之假借字也。隈厓，謂曲邊也。水之內曰隩，水之外曰鞫。」

隈 wēi　　水曲，隩也。从𨸏，畏聲。〔烏恢切〕

【注釋】

水的彎曲處。也指山的彎曲處。畏聲，聲兼義。偎，依也。

䦟 qiǎn　　䦟商，小塊也。从𨸏，从臾。〔臣鉉等曰：臾，古文蕢字。〕

〔去衍切〕

【注釋】

　　曽商，古語也，小土塊也。遣從此聲。

　　隵 𨽻 xiè　　水衡官谷也。从𨸏，解聲。一曰：小溪。〔胡買切〕

【注釋】

　　「一曰：小溪」，又作澥。「漘澥」，小溪的別稱。

　　隴 𨽻 lǒng　　天水大阪也。从𨸏，龍聲。〔力鍾切〕

【注釋】

　　本義是天水郡的大山坡。

　　隴又是山名，即隴山，位於陝西、甘肅交界處。今作為甘肅的簡稱，今有「得隴望蜀」。段注：「隴縣有大阪名隴坻，按坻即上文阺字也。」

　　陜 𨽻 yī　　酒泉天依阪也。从𨸏，衣聲。〔於希切〕

【注釋】

　　段注：「《地理志》：酒泉郡天陜縣。師古曰：此地有天陜阪，故以名。」

　　陝 𨽻 shǎn（陝）　　弘農陝也。古虢國，王季之子所封也。从𨸏，夾聲。〔失冉切〕

【注釋】

　　陝乃草書楷化字形，夹乃夾、夾之草書楷化字形。陝、陜有別，見前「陜」字注。

　　段注：「《地理志》：弘農郡陝縣。《後志》同，今河南直隸陝州有廢陝縣。」

　　陚 𨽻 wú　　弘農陝東阪也。从𨸏，無聲。〔武扶切〕

　　陹 𨽻 juǎn　　河東安邑阪也。从𨸏，卷聲。〔居遠切〕

　　陭 𨽻 qí　　上黨陭氏阪也。从𨸏，奇聲。〔於离切〕

【注釋】

段注：「上黨郡有陭氏縣，蓋因有陭氏阪以名也。今本《郡國志》作猗氏，因河東猗氏而誤。」

隃 𨽍 yú　　北陵西隃，雁門是也。从阝，俞聲。〔傷遇切〕

【注釋】

段注：「《史記·趙世家》作先俞，古西、先同音也。」

阮 𨸟 ruǎn　　代郡五阮關也。从阝，元聲。〔虞遠切〕

【注釋】

本義即五阮關。今常指一種絃樂器，四根弦，西晉阮咸善彈此樂器，故名阮咸，簡稱「阮」。阮咸乃阮籍之侄，有才名，後因把侄稱為「阿咸」。

段注：「《地理志》：代郡有五原關。阮者正字，原者叚借字也。《成帝紀》作五阮關。」

陪 𨸶 kū　　大阜也。一曰：右扶風郿有陪阜。从阝，告聲。〔苦沃切〕

賦 𨽊 fù　　丘名。从阝，武聲。〔方遇切〕

隕 𨽗 zhēng　　丘名。从阝，貞聲。〔陟盈切〕

阰 𨸔 dīng　　丘名。从阝，丁聲。讀若丁。〔當經切〕

隖 𨽘 huī　　鄭地阪。从阝，為聲。《春秋傳》曰：將會鄭伯於隖。〔許為切〕

【注釋】

段注：「隖，今經傳皆作溈。」

陼 𨽆 zhǔ　　如渚者，陼丘，水中高者也。从阝，者聲。〔當古切〕

【注釋】

陼、渚同源詞，二字常通用。

段注：「《釋水》曰：水中可居者曰州，小州曰渚。《釋丘》曰：如渚者，陼丘。謂在水中高而平，如水中小州然也。許本之為說。今《爾雅》作小洲曰陼，如陼者陼丘，陼渚通用。」

陳 𨼡 chén　　宛丘，舜後媯滿之所封。从阜，从木，申聲。〔臣鉉等曰：陳者，大昊之虛，畫八卦之所，木德之始，故从木。〕〔直珍切〕𨽍 古文陳。

【注釋】

簡體字陈乃草書楷化俗字。

宛丘，四方高中央下的丘，陳本丘陵之名。常用義舊的，《荀子》：「年穀復熟，而陳積有餘。」今有「新陳代謝」。

段注：「毛傳曰：四方高、中央下曰宛丘，即《釋丘》之『宛中曰宛丘』也。陳本大皥之虛正字，俗假為敶列之敶，陳行而敶廢矣。」

陳列本字當作敶，《說文》：「敶，列也。從攴，陳聲。」段注：「此本敶列字，後人假借陳為之，陳行而敶廢矣。亦本軍敶字，後人別製無理之陣字，陣行而敶又廢矣。」

陶 𨽃 táo　　再成丘也，在濟陰。从阜，匋聲。《夏書》曰：「東至於陶丘。」陶丘有堯城，堯嘗所居，故堯號陶唐氏。〔徒刀切〕

【注釋】

成，重也。成、重一聲之轉也。本義是兩層的丘陵，叫陶丘，也是地名。

段注：「《釋丘》曰：一成為敦丘，再成為陶丘。按定陶故城，在今山東曹州府定陶縣西南，古陶丘在焉。謂堯始居於陶丘，後為唐侯，故曰陶唐氏也。」

今陶器字本字當做「匋」，《說文》：「匋，瓦器也。」陶行而匋廢矣。引申出製作陶器，「陶冶」本義謂燒製陶器、冶煉金屬。引申出造就、培養義，今有「陶鑄」，同義連文。又有高興義，如「共陶暮春時」。今有「樂陶陶」「陶醉」，北京有陶然亭。

隉 𨺹 zhào　　耕以臿浚出下壚土也。一曰：耕休田也。从阜，从土，召聲。〔之少切〕

【注釋】

用鍬翻起板土。又指耕休田，即隔一二年輪換耕作的田。

段注：「《釋名》曰：錯，插地起土也，或曰銷，或曰鏵，其板曰葉。鏵即《木部》之茉。茉者，兩刃雷也。」

阽 𨸒 diàn　　壁危也。从阝，占聲。〔余廉切〕

【注釋】

本義是牆壁傾危。常用義是面臨，如「阽於死亡」。常「阽危」連用，面臨危險也。

段注：「引申為凡物之危。漢文帝詔曰：或阽於死亡。如淳曰：阽，近邊欲墮之意。」

除 𨻲 chú　　殿陛也。从阝，余聲。〔直魚切〕

【注釋】

本義是宮殿的臺階，泛指臺階，今有「庭除」。

韓愈《藍田縣丞廳壁記》：「水瀯瀯循除鳴。」臺階是更替的，故引申出更替義。「除夕」者，新舊年交替之日也。「除官」，除舊官拜新官也。《陳情表》：「除臣洗馬。」除去謂之除，修整亦謂之除，「除道」謂修道也。正反同辭也。

段注：「殿陛謂之除，因之凡去舊更新皆曰除，取拾級更易之義也。《天保》：何福不除。傳曰：除，開也。」

階 𨻶 jiē（阶）　　陛也。从阝，皆聲。〔古諧切〕

【注釋】

阶乃另造之俗字也，本義是臺階。引申有梯子義，今有「階梯」。又引申根源、原因義，《詩經》：「婦有長舌，維厲之階。」厲，害也。謂禍害之源也。引申為憑藉義，《漢書》：「漢亡尺土之階，五載而成帝業。」

段注：「因之凡以漸而升皆曰階。《木部》曰：梯，木階也。」

阼 𨻫 zuò　　主階也。从阝，乍聲。〔昨誤切〕

【注釋】

古代堂前東邊的臺階，主人走，客人走西階。帝王登東階主持祭祀，因此「阼」指帝位。「即阼」「踐阼」皆謂登基也。段注：「阼，階之在東者，古者天子踐阼臨祭祀，故國運曰阼。」

陛 𨸏 bì　　升高階也。从阝，坒聲。〔旁禮切〕

【注釋】

本義是臺階。

特指皇宮的臺階，「陛下」謂臺階下面的人，代指帝王。此乃敬稱，謂自己不配和國君說話，只配讓國君手下的人傳話。「殿下」「足下」「閣下」「左右」等皆此類用法，後成為對方的代稱。

段注：「賈誼曰：陛九級上，廉遠地，則堂高。陛無級，廉近地，則堂卑。《獨斷》曰：群臣與至尊言，不敢指斥，故呼在陛下者而告之。」

陔 𨽍 gāi　　階次也。从阝，亥聲。〔古哀切〕

【注釋】

本義是臺階的層次。

又指田埂，「循陔」謂奉養雙親也。「陔」指《詩經》亡佚的篇名《南陔》。根據《詩序》，《南陔》是孝子相戒以養親的詩篇。「循陔」，語本晉束皙《補亡詩·南陔》：「循彼南陔，言採其蘭。」後比喻事親。顏真卿文：「天寶五載，大夫總渡瀘之師，縶君奉循陔之養。」

段注：「近階之處也。《小雅》有《南陔》，序曰：南陔，孝子相戒以養也。束皙詩曰：循彼南陔，言採其蘭。是用階次之說矣。」段注恐不妥。《廣韻》：「陔，殿階次序。」可取。

際 𨿴 jì（际）　　壁會也。从阝，祭聲。〔子例切〕

【注釋】

际乃省旁俗字也。本義是牆壁交匯處的縫隙。

引申出交界處、邊緣義，今有「邊際」，際，邊也。會和也叫際，今有「交際」，際，交也。《廣雅》：「際，合也。」際者，間也，如「國際關係」。引申出到、接近

義，《小爾雅》：「際，接也。」如「際天接地」。引申出當、適逢義，如「際此盛會」。

段注：「兩牆相合之縫也，引申之，凡兩合皆曰際。際取壁之兩合，猶間取門之兩合也。《詩·菀柳》鄭箋：瘵，接也。此謂叚瘵為際。」

隙 𨻶 xì　壁際孔也。从𨸏，从𡭚，𡭚亦聲。〔綺戟切〕

【注釋】

本義是牆壁的縫隙。引申出空閒義，如「農隙」。「隙地」謂空地也。引申鄰近、接近義，《漢書》：「北隙烏丸。」

段注：「際自分而合言之，隙自合而分言之。引申之，凡坼裂皆曰隙。又引申之，凡間空皆曰隙。假藉以郤為之。」

陪 𨻶 péi　重土也。一曰：滿也。从𨸏，音聲。〔薄回切〕

【注釋】

本義是重疊的土堆。引申出陪伴、增加義，輔助義，今有「陪都」，古有「陪臣執國命」。

段注：「《左傳》曰：分之土田陪敦。注曰：陪，增也。敦，厚也。諸侯之臣於天子曰陪臣，取重土義之引申也。」

隊 𨽍 zhuàn　道邊庳垣也。从𨸏，彖聲。〔徒玩切〕

陾 𨻶 réng　築牆聲也。从𨸏，耎聲。《詩》云：捄之陾陾。〔如乘切〕

【注釋】

陾陾，眾多貌也。

陴 𨽹 pí　城上女牆俾倪也。从𨸏，卑聲。〔符支切〕𨽹 籀文陴，从𠥏。

【注釋】

從卑，聲兼義也。段注：「俾倪疊韻字，或作睥睨，或作埤堄，皆俗字，城上為小牆，作孔穴可以窺外，謂之俾倪。」

隍 𨽑 huáng　城池也。有水曰池，無水曰隍。从𨸏，皇聲。《易》曰：城

復於隍。〔乎光切〕

【注釋】

城隍，猶言城池，護城河也。本義是沒有水的護城河，泛指護城河。無水稱隍，有水稱池。見「城」字注。亦指守護城池的神，《聊齋誌異》有「考城隍」篇，鄉間有城隍廟。

陎 𨛜 qū　　依山谷為牛馬圈也。从阝，去聲。〔去魚切〕

【注釋】

獵人利用山谷等有利地形圍獵禽獸，又指圍獵野獸的圈。

陲 阤 chuí　　危也。从阝，垂聲。〔是為切〕

【注釋】

陲常用義是邊疆，引申為邊緣，如「路陲」即路邊也。陲、郵易混，見前「郵」字注。

《說文》：「垂，遠邊也。從土，巫聲。」段注：「許義垂訓遠邊，陲訓危，以垂從土、陲從阜之故。今義訓垂為懸，則訓陲為邊，邊陲行而邊垂廢矣。」

隖 塢 wù（塢）　　小障也。一曰：庳城也。从阝，烏聲。〔安古切〕

【注釋】

俗作塢。

小障蔽物，防衛用的小堡，亦稱「庳城」。《三國演義》董卓建有眉塢，亦堡壘或宅第性質。陝西眉縣有白起的眉塢。後指水邊建的停船或修造船隻的地方，如「船塢」。又指四面高中間凹下的地方，如「山塢」「花塢」。唐伯虎有「桃花塢」。

院 院 yuàn　　堅也。从阝，完聲。〔臣鉉等按：《宀部》已有，此重出。〕〔王眷切〕

【注釋】

《宀部》寏之重文，「周垣也」，本義是院牆。引申出院牆圍起的地方，即院子。城、垣皆有此引申路徑，相鄰引申也。本楊琳先生說。

段注認為此二字非一字。段注:「按鉉本云:窡或從阜,錯多『完聲』二字,皆非善本。蓋此篆當從宀、阮聲,與《阜部》從阜、完聲之字別,篆體及說解轉寫誤耳。」

隃 隃 lún　　山阜陷也。从阝,侖聲。〔盧昆切〕

【注釋】

此「淪陷」之本字也,今則淪行而隃廢矣。《說文》:「淪,小波為淪。」非本字明矣。

陙 陙 chún　　水阜也。从阝,辰聲。〔食倫切〕

陵 陵 jiàn　　水阜也。从阝,戔聲。〔慈衍切〕

文九十二　重九

阭 阭 shěn　　陵名。从阝,升聲。〔所臻切〕

阡 阡 qiān　　路東西為陌,南北為阡。从阝,千聲。〔倉先切〕

【注釋】

本義是田間小路,泛指田野。

「東阡」謂東邊的田野,「阡陌」謂田野也,如「廢井田,開阡陌」。阡又指通往墳墓的道路,《廣雅》:「阡,道也。」歐陽修有《瀧崗阡表》。「阡阡」,草木盛貌,通「芊芊」。

段注:「《周禮·遂人》曰:凡治野,夫間有遂,遂上有徑;十夫有溝,溝上有畛;百夫有洫,洫上有塗;千夫有澮,澮上有道;萬夫有川,川上有路,以達於畿。百夫之塗謂之為百,千夫之道謂之為千。言千百以包徑、畛、路也。

南畝則畖縱遂橫,溝縱洫橫,澮縱川橫,遂(鵬按:遂疑衍文)、徑、畛、塗、道、路縱橫同之。東畝則畖橫遂縱,溝橫洫縱,澮橫川縱,徑、畛、塗、道、路之橫縱同之。故十與口皆像其縱橫也。阡陌則俗字也。」見前「田」字注。

文二　新附

𨸏部

𨸏 𨸏 fù　　兩𨸏之間也。从二𨸏。凡𨸏之屬皆从𨸏。〔房九切〕

【注釋】

山間的通道，即隧之初文也。

𨺅 𨺅 jué　　𨸏突也。从𨸏，決省聲。〔於決切〕

𨺅 𨺅 ài（隘）　　陋也。从𨸏，𦭝聲。𦭝，籀文嗌字。〔烏懈切〕隘 篆文𨺅，从𨸎、益。

【注釋】

今通行重文隘。本義是狹小，《說文》：「厄，隘也。」厄、隘一聲之轉，故很多意義相同。

如險要之處，今有「險厄」，或作「險隘」；困窮義，如「厄運」，《荀子》：「君子隘窮而不失。」又阻塞、受困義，如「厄於海上」。今有「阻隘」，或作「阻礙」。

段注：「𨺅，籀文也。隘，小篆也。先籀而後篆者，為其字之從兩𨸏也。」

𨺅 𨺅 suì（燧）　　塞上亭，守烽火者。从𨸏，从火，遂聲。〔徐醉切〕隊 篆文省。

【注釋】

今作燧。夜間燒火叫烽，白天燒煙叫燧。

古代取火的器具謂之燧，如「燧人氏」。《說文》作鐆，云：「陽鐆也。」今廢，通作燧。古時鑽木取火，因季節不同而用不同的木材，叫「鑽燧改火」。《論語·陽貨》：「舊穀既沒，新穀既升，鑽燧改火，期可已矣。」

何晏注引《周書·月令》：「春取榆柳之火，夏取棗杏之火，季夏取桑柘之火，秋取柞楢之火，冬取槐檀之火，一年之中，鑽火各異，故曰改火。」後僅於寒食後二日為之，並成為習俗。常用榆木鑽火，杜甫《清明》：「旅雁上雲歸紫塞，家人鑽火用青楓。」

文四 重二

厽部

厽 𢌥 lěi　　絫坺土為牆壁。象形。凡厽之屬皆从厽。〔力軌切〕

【注釋】

厽，實壘之初文也。

坺土，土塊也。絫，今作累，積累也。本義是用土塊堆積砌牆。見前「坺」字注。今農村砌牆仍用此法。

段注：「以鍬取田間土塊，令方整不散，今里俗云坺頭是也，亦謂之版光。厽之為牆壁，野外軍壁多如是，民家亦如是矣，軍壁則謂之壘。」

絫 𣪠 lěi（累）　　增也。从厽，从糸。絫，十黍之重也。〔力軌切〕

【注釋】

絫，今作累，積累也。絫、纍古不同義，累為絫之隸變，非纍之變也。纍的本義是大繩子，絫為積累，有別。今簡化皆作累。

段注：「凡增益謂之積絫，絫之隸變作累，累行而絫廢。古書時見絫字，乃不識為今之累字。十黍為絫，而五權從此起，十絫為一銖，二十四銖為兩，十六兩為斤，三十斤為鈞，四鈞為石，石許作秳。」

引申有牽累、連累義，《莊子》：「不累於俗，不飾於物。」引申有禍患義，《鹽鐵論》：「烽燧一起，有沒身之累。」又有毛病義，本字當作「纇」，《廣雅》：「累，疾也。」嵇康《與山巨源絕交書》：「有好盡之累。」又有囑託義，《爾雅》：「累，屬也。」屬，連也，囑也。

古代的重量單位有：黍、絫、銖、兩、斤、衡、稱、鈞、石、鼓。十黍的重量為一絫，十絫為銖，二十四銖為一兩，十六兩為一斤，十斤為一衡，衡又半即十五斤謂之稱，二稱為一鈞，即三十斤。四鈞為石，即一百二十斤。四石為鼓。銖、兩、斤、鈞、石，謂之五權。即五種重量單位。

垒 𡐨 lěi　　絫墼也。从厽，从土。〔力軌切〕

【注釋】

從厽，厽亦聲。本義是把土坯堆積起來，即壘牆。古垒、壘字有別，壘為壁壘字，後簡化漢字歸併為一，廢壘。

段注：「墼者，令適未燒者也。已燒者為令適，今俗謂之磚，古作專。未燒者謂

之墼，今俗謂之土墼，坯土則又未成墼者。積坏土為牆曰坴，積墼為牆曰垒，此音同義異之字也。《土部》曰：軍壁曰壘，此又音義皆異之字也。《急就篇》墼壘亦當作垒，蓋俗字坴、晶之不分者多矣。」

今按：「垒」實為「坴」之後起字，「積坏土為牆曰坴，積墼為牆曰垒，此音同義異之字也」，段氏求之過甚。

文三

四部

四 〔四〕sì　　陰數也。象四分之形。凡四之屬皆从四。〔息利切〕〔古文〕古文四。〔三〕籀文四。

【注釋】

金文作〔四〕，張舜徽《說文解字約注》：「四，象人鼻之形，鼻子裏流出的東西為泗，後假借為數詞。」「四」「三」二字古籍多相訛，籀文相似故也。

段注：「此籌法之二二如四也，二字兩畫均長，則三字亦四畫均長，今人作篆多誤。《覲禮》：四享。鄭注曰：『四當為三。書作三、四字，或皆積畫，字相似，由此誤。』」

文一　重二

宁部

宁 〔宁〕zhù　　辨積物也。象形。凡宁之屬皆从宁。〔直呂切〕

【注釋】

甲文作〔宁〕，像櫥櫃之形。

甲、金文貯字或作宁中藏貝形，宁、貯一字，後分為二字。今簡化漢字宁作為寧、甯之簡體字，與此宁字蓋同形字也。見前「甯」字注。宁之常用義是大門和屏風之間的空地，是國君接見諸侯時站立的地方，《爾雅》：「門屏謂之宁。」李注：「正門內兩塾間。」

段注：「宁與貯蓋古今字。《釋宮》：門屏之間曰宁。郭云：人君視朝所宁立處。《毛詩》傳云：宁立，久立也。然則凡云宁立者，正積物之義之引申。俗字作佇、作竚，皆非是。以其可宁立也，故謂之宁。」

䆠 zhǔ　　幡也，所以載盛米。从宁，从畱。畱，缶也。〔陟呂切〕

【注釋】

古代貯米的器具。「東楚名缶曰畱」，與畜之異體畱篆書有別，隸變無別。

文二

叕部

叕 zhuó　　綴聯也。象形。凡叕之屬皆从叕。〔陟劣切〕

【注釋】

此綴之初文也，故訓為綴連。以今字釋古字也。段注：「以綴釋叕，猶以糸釋幺也。」

綴 zhuì　　合箸也。从叕，从糸。〔陟衛切〕

【注釋】

本義是綴連。

綴文，猶屬文也，連接文字，綴字成文，即寫文章也。今有甲骨文綴合，即把殘片連成整片。有匯合、聚集義，《廣雅》：「綴，集也。」又有縫義，如「綴甲厲兵」。皆由連接義引申。段注：「《玄應書》作合令箸也。古多叚綴為贅。」

文二

亞部

亞 yà（亚）　　醜也。象人局背之形。賈侍中說：以為次弟也。凡亞之屬皆从亞。〔衣駕切〕

【注釋】

亚乃亞之草書楷化字形，參「業」之草書。本義是醜陋。亞即惡之本字也。

段注：「此亞之本義，亞與惡音義皆同，故《詛楚文》亞駝，《禮記》作惡池。《史記》盧綰孫他之封『惡谷』，《漢書》作亞谷。宋時玉印曰周惡夫印，劉原甫以為即條侯亞父。」

亞有次義，次者，次於、不如也，如「亞軍」「不亞於」；次者，次第、比併也，連襟相謂為亞，或作婭。《易·上繫》：「言天下之至嘖，而不可惡也。」荀爽注：「惡

作亞，云次也。」

暮 𩇼 yà　　闕。〔衣駕切〕

文二

五部

五 𠄡 wǔ　　五行也。从二，陰陽在天地閒交午也。凡五之屬皆从五。
〔臣鉉等曰：二，天地也。〕〔疑古切〕 𠄤 古文五，省。

【注釋】

林義光《文源》：「本義為交午，假借為數名，二象橫平，乂象相交，以二之平見乂之交也。」朱芳圃《殷周文字釋叢》：「乂象交錯形，二謂在物之間也，當以交錯為本義，自用為數名，經傳借午為之。」

午有縱橫交錯義。五、午、迕、忤、牾、語，皆同源詞也。《詩經》：「小戎俴收，五楘梁輈。」「五楘」謂用皮革纏在車轅成乂形，起加固和修飾作用。五，古文作乂。

段注：「古之聖人知有水火木金土五者，而後造此字也。古文像陰陽午貫之形。」

文一 重一

六部

六 𠔖 liù　　《易》之數，陰變於六，正於八。从入，从八。凡六之屬皆从六。〔力竹切〕

【注釋】

段注：「此謂六為陰之變，八為陰之正也。六為陰之變，九為陽之變。聖人以九、六繫爻，而不以七、八。七、八為象，九、六為變。」

文一

七部

七 𠀁 qī　　陽之正也。从一，微陰从中邪出也。凡七之屬皆从七。〔親吉切〕

【注釋】

甲骨文七作╋，十作│，後十為別於豎筆而加中點作♦，點延長則與七混，於是╋下曲筆變成七。

丁山《數名古誼》：「七古通作十者，刌物為二，自中切斷之象也。考其初形，七即切字，自借為數名，不得不加刀於七，以為切斷專字。」

段注：「《易》用九不用七，亦用變不用正也。然則凡筮陽不變者當為七。」

文一

九部

九 𠄹 jiǔ　　陽之變也。象其屈曲究盡之形。凡九之屬皆从九。〔舉有切〕

【注釋】

甲文作𠄹，丁山《數名古誼》：「本肘字，象臂節形，臂節可屈可伸，故有糾屈義。」《廣雅》：「九，究也。」從九之字多有窮極義，見前「尢」字注。清汪中有《釋三九》，三、九多表虛數，泛指多，九則泛指極多，見「三」字注。

馗 𩠐 kuí（逵）　　九達道也。似龜背，故謂之馗。馗，高也。从九，从首。〔渠追切〕𨒋 馗，或从辵，从坴。

【注釋】

今通行重文逵，馗作為鍾馗字。

本義是四通八達的道路。「似龜背，故謂之馗」，此聲訓也，馗得名於龜也。段注：「馗之四面無不可通，似之。龜古音如姬，如鳩。馗古音如求，以疊韻為訓也。」

《爾雅·釋宮》：「一達謂之道路，二達謂之歧旁，三達謂之劇旁，四達謂之衢，五達謂之康，六達謂之莊，七達謂之劇驂，八達謂之崇期，九達謂之逵。」《水滸傳》有李逵，李逵之兄名李達。明代大將徐達，其弟徐逵。

文二　重一

厹部

厹 𠫏 róu（禸、蹂）　　獸足蹂地也。象形，九聲。《爾疋》曰：狐貍貛貉醜，其足蹞，其跡厹。凡厹之屬皆从厹。〔人九切〕𨆱 篆文，从足，柔聲。

【注釋】

厹是蹂之初文。今通行重文蹂。蹂，蹂踏也，今有「蹂躪」「蹂踏」。

禽 _{禽篆} qín　　走獸總名。从厹，象形，今聲。禽、离、兕頭相似。〔巨今切〕

【注釋】

禽之本義是飛禽和走獸的總名。

故華佗的「五禽戲」是模仿虎、鹿、熊、猿、鳥的動作。四木禽星都是走獸，角木蛟、斗木獬、奎木狼、井木犴。《爾雅》：「二足而羽謂之禽，四足而毛謂之獸。」乃後起之意義。

段注：「厹為獸跡，鳥跡不云厹也。倉頡造字之本意，謂四足而走者明矣。以名毛屬者名羽屬，此乃稱謂之轉移假借，及其久也，遂為羽屬之定名矣。《爾雅》自其轉移者言之，許指造字之本言之。凡經典禽字，有謂毛屬者，有謂羽屬者，有兼舉者，故《白虎通》曰：禽者何？鳥獸之總名。」

金文作_{金文字}，馬敘倫《說文解字六書疏證》：「禽實擒之初文，禽獸皆取獲動物之義。金文從畢，今聲，畢所以取動物，故從之。」

离 _{离篆} chī　　山神，獸也。从禽頭，从厹，从屮。歐陽喬說：离，猛獸也。〔臣鉉等曰：从屮，義無所取，疑象形。〕〔呂支切〕

【注釋】

此魑魅之初文也。今作為離之簡體字，古離、离異字異音。

段注：「《左傳》：螭魅罔兩。杜注：螭，山神，獸形。《上林賦》：蛟龍赤螭。如淳注曰：螭，山神也，獸形。按山神之字本不從虫，從虫者，乃許所謂若龍而黃者也。今《左傳》作螭魅，乃俗寫之訛。《東京賦》作魑，亦是俗字。」

萬 _{萬篆} wàn（万）　　蟲也。从厹，象形。〔無販切〕

【注釋】

甲文作_{甲文字}、_{甲文字}，象蠍子之形。本義是蠍子。

徐灝《注箋》：「萬即蠆（音 chǎi）字，訛從厹，此古文變小篆時所亂也。因為數名所專，俗書又加虫作蠆。」

段注：「謂蟲名也，假借為十千數名，而十千無正字，遂久假不歸，學者昧其本義矣。唐人十千作万，故《廣韻》万與萬別。」

簡體万字起源甚早，金文已經出現，作 ㄅ 字，當為「萬」之簡俗字。常用義有絕對，今有「萬無此理」「萬全之策」「萬不得已」。古代「萬」可以寫作「万」，但複姓「万俟」中的「万」不能寫成「萬」。南宋有万俟卨，害死岳飛者。

禹 𥜽 yǔ　　蟲也。从厹，象形。〔王矩切〕𥜙 古文禹。

【注釋】

林義光《文源》：「蟲名，象頭足尾之形。」段注：「夏王以為名，學者昧其本義。」見前「絲」字注。

禺 𥝋 fèi（狒）　　周成王時，州靡國獻狒。人身，反踵，自笑，笑即上唇掩其目，食人，北方謂之土螻。《爾疋》云：「狒狒，如人，被髮。」一名梟陽。从厹，象形。〔符未切〕

【注釋】

俗作狒。身體像猴，口吻突出像狗。「猩狒」，猩猩與狒狒，猩猩之聲如小兒啼哭，狒狒善食人，得之先笑，後遂借喻啼笑。宋蘇軾《與頓起孫勉泛舟探韻得未字》：「寧能傍門戶，啼笑雜猩狒。」

禼 𥝃 xiè（卨）　　蟲也。从厹，象形。讀與偰同。〔私列切〕𥝅 古文禼。

【注釋】

竊字從此。此商朝之鼻祖契之本字也。段注：「殷玄王以為名，見《漢書》，俗改用偰、契字。」

「讀與某同」者，許書之體例也，有時用來注音，有時用來破假借。或作卨，用於人名，南宋有万俟卨。

文七　重三

禸部

禸 𥝂 chù　　獸足蹂地也。象耳、頭、足厹地之形。古文禸，下从厹。凡禸之屬皆从禸。〔許救切〕

【注釋】

此「畜牲」之本字也。

段注：「嘼今多用畜者，俗書假借而然。《爾雅》之《釋獸》《釋嘼》必異其名者，陸德明曰：嘼是嘼養之名，獸是毛蟲總號，故《釋嘼》惟論馬牛羊雞犬，《釋獸》通說百獸之名。按《尚書・武成》：歸嘼，今作歸獸，二字不分久矣。凡畜養古作嘼養。」

獸　𤝎 shòu（兽）　　守備者。从嘼，从犬。〔舒救切〕

【注釋】

朱芳圃《殷周文字釋叢》：「狩之初文也。」今簡化漢字作兽，草書楷化並省旁俗字也。

文二

甲部

甲　甲 jiǎ　　位東方之孟，陽气萌動，从木戴孚甲之象。一曰：人頭宜為甲，甲象人頭。凡甲之屬皆从甲。〔古狎切〕甲 古文甲。始於十，見於千，成於木之象。

【注釋】

東方甲乙木，甲乙分別為陽木和陰木，甲在乙前，故稱孟。朱駿聲：「象帶甲於首之形。」甲在首，故借為天干之首。本義即鎧甲，常作為第一、首位的代稱。

古代科舉考試，進士科放榜為甲榜，即所謂的皇榜，考中舉人放榜曰乙榜。「兩榜」是甲榜和乙榜的合稱。「兩榜出身」謂鄉試、會試都考中的情況，代指進士。「甲夜」謂初更時分，《東觀漢記・明帝紀》：「甲夜讀眾書，乙更盡乃寐。」「乙夜」謂二更時候，約為夜間十時。

段注：「人頭空為甲。空各本作宜，今依《集韻》作空為善。空、腔古今字，許言頭空、履空、額空、脛空皆今之腔也。人頭空，謂髑髏也。」

文一　重一

乙部

乙　乙 yǐ　　象春艸木冤曲而出，陰气尚彊，其出乙乙也。與丨同意。乙承

甲，象人頸。凡乙之屬皆从乙。〔於筆切〕

【注釋】

乙乙，難出之貌。常用義是燕子，《水滸傳》燕青，名小乙。見前「乞」字注，乞、乙今隸變無別。作為順序，表第二，見上「甲」字注。

段注：「冤之言鬱也，曲之言詘也。乙乙，難出之皃。《史記》曰：乙者，言萬物生軋軋也。《漢書》曰：奮軋於乙。《文賦》曰：思軋軋其若抽。軋軋皆乙乙之叚借。軋從乙聲，故同音相叚。《月令》鄭注云：乙之言軋也，時萬物皆抽軋而出。物之出土艱屯，如車之輾地澀滯。」

古人畫乙字形符號，作用有三：

一、古時無標點符號，遇有大的段落，用墨筆勾一個乙符號，形似乙字，表示句讀。或在書上勾乙作標記，表示看到了某處。

二、遇到有遺漏的文字，用乙符號把遺漏的文字勾進去。

三、遇到有顛倒的文字，用乙符號改正過來。一般是在兩個顛倒的字中間的右側寫一小「乙」字，後來進一步演變為「√」，敦煌文獻多用此。或在第二個字末尾右側寫作「✓」（挑腳）。

乙就是由乙字變來的，隸書乙字有此作者。雲夢睡虎地秦簡中乙已經出現，表示句讀。乙字符號具有時代性，早期表示句讀，後世卻表示乙轉。今有「乙正」，謂勾正詞句的倒誤。

乾 𩑣 qián / gān　　上出也。从乙，乙，物之達也。倝聲。〔渠焉切〕，又〔古寒切〕𩑣籀文乾。

【注釋】

乾坤，代指天地。杜甫詩：「乾坤一腐儒。」乾、干、幹之別，見前「干」字注。

段注：「此乾字之本義也，自有文字以後，乃用為卦名，而孔子釋之曰：健也。健之義生於上出，上出為乾，下注則為濕，故乾與濕相對，俗別其音，古無是也。」

亂 𤔔 luàn　　治也。从乙，乙，治之也。从𤔔。〔郎段切〕

【注釋】

今簡化作乱，草書楷化俗字也，參辭、適之草書。或謂辞由辝訛變，「亂—乱」

乃比照「辭—辝」類推而成，可商。從爲，爲亦聲。

段注改作「不治也」，今多不從。亂既訓治，又訓不治，正反同辭也。常用義有治、治理義，《尚書》：「予有亂臣十人。」橫渡謂之亂，《詩經》：「涉渭為亂。」又指樂曲的最後一章，或辭賦中最後總結全篇要旨的一段，如「亂曰」。

楊樹達《積微居小學述林》：「爲字當從爪從又，爲從爪從又者，人以手持絲，又一手持互以收之。絲易亂，以互收之，則有條不紊，故字訓治、訓理，許說誤。」

尤 $\overset{\text{尤}}{}$ yóu　　異也。从乙，又聲。〔徐鍇曰：乙欲出而見閡，見閡則顯其尤異也。〕〔羽求切〕

【注釋】

本義是特異突出，如「拔其尤」，今有「天生尤物」。「紅樓二尤」謂尤二姐、尤三姐也。人長得漂亮，又姓尤，雙關也。今有「尤其」。

常用義是罪過、過錯，「以儆效尤」謂警告學做壞事者。「勿效尤」謂不要學做壞事。又有指責義，今有「怨天尤人」。「咎」亦有罪過、指責二義，同步引申也。

甲文作 $\overset{\text{尤}}{}$，孔廣居《說文疑疑》：「尤是肬本字。」朱芳圃《殷周文字釋叢》：「尤之初文，從又，從一。又，手也。一，贅疣也。字之結構與寸同。」

文四　重一

丙部

丙 $\overset{\text{丙}}{}$ bǐng　　位南方，萬物成，炳然。陰气初起，陽气將虧。从一入门。一者，陽也。丙承乙，象人肩。凡丙之屬皆从丙。〔徐鍇曰：陽功成，入於门。门，門也，天地陰陽之門也。〕〔兵永切〕

【注釋】

南方丙丁火，後以「丙丁」代指火。「付丙丁」「付丙」謂燒掉也。

清代藏書家有丁丙、丁申二兄弟。藏書忌火，錢謙益之藏書樓名「絳雲樓」，後終不免於火災。文淵閣之黑房頂，天一閣之命名，皆出於防水故也。丙是天干的第三個，故代指第三。「丙等」，三等也。「丙夜」，三更也。

文一

丁部

丁 ╬ dīng　　夏時萬物皆丁實。象形。丁承丙，象人心。凡丁之屬皆从丁。〔當經切〕

【注釋】

段注：「《律書》曰：丁者，言萬物之丁壯也。《律曆志》曰：大盛於丁。鄭注《月令》曰：時萬物皆強大。」

丁乃釘之初文也。徐灝《注箋》：「今之釘字，象鐵弋形。」常用有健壯義，人之壯年稱「丁年」。成年男子謂之丁，如「拉壯丁」。從事某一職業的人謂之丁，今有「園丁」。泛指人口，如「男丁」「女丁」「苛斂丁口」。動詞有承擔、遭遇義，《爾雅》：「丁，當也。」今有「丁茲盛世」。「丁艱」「丁憂」謂遭到父母的喪事，代指守孝。

文一

戊部

戊 ╟ wù　　中宮也。象六甲、五龍相拘絞也。戊承丁，象人脅。凡戊之屬皆从戊。〔莫候切〕

【注釋】

十天干分五對，分別對應五個方位和五行，東方甲乙木，南方丙丁火，中宮戊己土，西方庚辛金，北方壬癸水。中宮，中央也。皇后的住處也叫中宮。北天極的中央謂之中宮，紫微宮也，乃北極星所在。書法上有所謂中宮收緊，謂筆劃向中心靠攏也。

甲骨文作 ╟，郭沫若《甲骨文字研究》：「戊象斧鉞之形，即戚之古文。」六甲、五龍者，六十甲子中，甲出現六次，辰出現五次，故名。古代十天干記日，立春、立秋後的第五個戊日即社日，分為春社和秋社，分別在春分、秋分前後。春社祈豐收，秋社報豐收。

成 ╟ chéng　　就也。从戊，丁聲。〔氏征切〕╟ 古文成，从午。〔徐鍇曰：戊，中宮。成於中也。〕

【注釋】

本義是完成，就亦完成義。

成，定也。常用義有已定的、現成的，《論語・侍坐》：「暮春者，春服既成。」謂春天的衣服能穿得住了，不用換來換去。今有「墨守成規」「成見」。有和解義，《左傳》：「秦晉為成。」《爾雅》：「平，成也。」今有「和平」。有重疊義，《史記》：「死人日成積於市。」《說文》：「陶，再成丘也。」謂兩重的山丘。成，重也。成、重一聲之轉也。十里見方的田地為一成，為較大的田地單位，如畝、夫（田）、井、成、同。

文二 重一

己部

己 ㄐㄧ jǐ　中宮也。象萬物辟藏詘形也。己承戊，象人腹。凡己之屬皆从己。〔居擬切〕𢀗 古文己。

【注釋】

己用作順序，代表第六。

段注：「《釋名》曰：己，皆有定形可紀識也。引申之義為人己，言己以別於人者，己在中，人在外，可紀識也。《論語》：克己復禮為仁。克己言自勝也。」

甲骨文乃刀刻而成，為了方便，刻手常先刻橫畫再刻豎畫。若忘記刻二豎，則己與三字無別，故「己亥」訛「三豕」甲骨已然。本陳偉湛先生說。段注：「己亥訛三豕者，己與三形似也。」

巹 ㄐㄧㄣ jǐn　謹身有所承也。从己、丞。讀若《詩》云：赤舃己己。〔居隱切〕

【注釋】

古代結婚時用作酒器的一種瓢。「合巹」，舊時結婚的一種儀式，把一個匏瓜剖成兩個瓢，新郎新娘各拿一個飲酒。「巹飲」，飲合巹酒，即今之交杯酒。段注：「《禮記》借為合巹字。」

𢀖 ㄐㄧ jì　長踞也。从己，其聲。讀若杞。〔暨己切〕

【注釋】

長踞，盤腳而坐。此「箕踞」之後起本字也。

　　段注：「長居，居各本作踞，俗字也。《尸部》曰：居者，蹲也。長居謂箕其股而坐，許云夐居者，即他書之箕踞也。《玉篇》云：夐即跽字，長跪也。非許意。許於《足部》跽下云：長跪也。與夐別。」

　　文三　重一

巴部

　　巴 ㄗ bā　　蟲也。或曰：食象蛇。象形。凡巴之屬皆从巴。〔徐鍇曰：一，所吞也。指事。〕〔伯加切〕

【注釋】

　　《山海經》：「巴蛇食象，三歲而出其骨。」巴是圓而長的爬行動物，或以為是恐龍。爬、靶、把、芭或有爬行義，或有圓形義。

　　常用義是挨著、挨近，今有「前不挨村，後不巴店」。「巴結」者，靠近結交也。「鍋巴」本謂黏在鍋底上的飯。今北方人稱大便為「巴巴」，因其黏著腸子故也。《天龍八部》大理國的輕功高手叫巴天石，謂挨天之石也，取名可謂善矣。

　　「糍粑」是米餅，米黏在一起製成，巴、粑同源詞也。巴有盼望、期望義，今有「巴不得」「巴望」「眼巴巴」，皆源於靠近義。「巴人」謂民間曲名，如「下里巴人」。「巴人」，又指鄙俗村夫。巴蜀者，巴，重慶也。蜀，四川也。

　　靶 ㄅ bǎ　　搫擊也。从巴、帚，闕。〔博下切〕

【注釋】

　　段注：「搫者，反手擊也。今之琵琶，古當作搫靶。」

　　文二

庚部

　　庚 ㆒ gēng　　位西方，象秋時萬物庚庚有實也。庚承己，象人臍。凡庚之屬皆从庚。〔古行切〕

【注釋】

　　段注：「庚之言更也，萬物皆肅然更改，秀實新成。庚庚，成實皃。服虔《漢書》注曰：庚庚，橫皃也。字象形。」

常用有賠償義，賠償實際上是一種更換。另有年齡義，如「年庚」。「同庚」謂同齡也，問人年齡用「貴庚」。用作順序，庚表示第七。古代用十天干紀日，從夏至後的第三個庚日起即進入到伏天，即初伏也。立秋後的第一個庚日即進入三伏，中間是中伏。初伏、三伏皆十天，中伏或十天或二十天。

甲文作𤰃、𤰅，像鐘形，郭沫若《甲骨文字研究》：「當是有耳可搖之樂器，以聲類求之，當即鉦。耕部正聲與陽部庚聲相近，本義已失，後行之義乃假借。」

文一

辛部

辛 ^𨐌 xīn　　秋時萬物成而孰。金剛，味辛，辛痛即泣出。從一，從辛。辛，罪也。辛承庚，象人股。凡辛之屬皆從辛。〔息鄰切〕

【注釋】

辛的本義是古代的刑具，即曲刀也。從辛之字多與刑法有關，見《辛部》所屬字。辛常用義是辣，今有「辛辣」。又指勞苦，如「辛苦」。又指悲痛，如「悲辛」「辛酸」。

甲骨文作𨐌，象刑具之形。郭沫若《甲骨文字研究》：「辛、𨐌實一字，字乃象形，係古之剞劂，即曲刀也。何為轉為罪義？蓋古之俘虜或本族有罪不至於死者，黥其面奴使之，余謂此黥刑之會意也。有罪之義無法表示，故借黥刑表之，黥刑無法表示簡單之字形，故借施黥之刑具剞劂以表現之。」

辠 ^辠 zuì（罪）　　犯法也。從辛，從自。言罪人蹙鼻，苦辛之憂。秦以辠似皇字，改為罪。〔臣鉉等曰：言自，古者以為鼻字，故從自。〕〔徂賄切〕

【注釋】

此「罪過」之本字也，秦始皇認為辠似皇字，故假本義是漁網的罪字代之。《說文》：「罪，捕魚竹网。從网、非。秦以罪為辠字。」見「罪」字注。

段注：「始皇以辠字似皇，乃改為罪。按經典多出秦後，故皆作罪，罪之本義少見於竹帛。秦以辠似皇字，改為罪，此志改字之始也，古有叚借而無改字。罪本訓捕魚竹网，從网，非聲，始皇易形聲為會意，而漢後經典多從之，非古也。」

徐灝《注箋》：「罪、辠古字通，見於經傳者不可枚舉，亦非秦人始改。」

辜 辜 gū　　罪也。从辛，古聲。〔古乎切〕 𣧑 古文辜，从死。

【注釋】

本義是罪，《爾雅》：「辜，罪也。」今有「無辜」，即無罪也。今「死有餘辜」，謂死有餘罪也。《弟子規》：「過能改，歸於無。倘掩飾，增一辜。」《孟子》：「牛何辜哉？」

段注：「《周禮》：殺王之親者辜之。鄭注：辜之言枯也，謂磔之。按辜本非常重罪，引申之凡有罪皆曰辜。」古代的一種酷刑，分裂肢體也叫辜，如「辜磔」。

辥 辥 xuē　　罪也。从辛，𠧎聲。〔私列切〕

【注釋】

此「罪孽」之本字也。𠧎，音 niè。《說文》：「孽，庶子也。」本義是家庭的旁支，庶子。非本字明矣。今姓氏字薛，本作辥，隸變作薛，從辥聲。

辝 辝 cí（辭）　　不受也。从辛，从受。受辛宜辝之。〔似茲切〕 辤 籀文辝，从台。

【注釋】

此「推辭」「辭讓」之本字也。重文辤，或今簡化字辞之來源也。辞或為辭之草書楷化字形，見「亂」字注。

段注：「《聘禮》：辤，曰：非禮也敢。注曰：辤，不受也。按經傳凡辝讓皆作辭說字，固屬叚借，而學者乃罕知有辝讓本字。哀六年《左傳》：五辭而後許。《釋文》曰：辭，本又作辤。《世說新語》：蔡邕題曹娥碑：黃絹幼婦，外孫齏臼。解之曰：齏臼所以受辛，辝字也。按此正當作辤，可證漢人辝、辭不別耳。」

辭 辭 cí　　訟也。从𤔔、辛。𤔔辛猶理辜也。𤔔，理也。〔似茲切〕 𤔲 籀文辭，从司。

【注釋】

本義是打官司的訟辭、口供。

後來推辭的意義也常用辭來表示，今均簡化為辞。辭猶言也，言，說也。故辭有言說義，《禮記》：「使人辭於狐突。」今有「言辭」，同義連文。同步引申也。修辭，

顧名思義是修飾言辭。《周易》:「修辭立其誠。」近人有陳誠,字辭修。

在言辭的意義上,「辭」和「詞」義同,在較古的時代,一般用「辭」不用「詞」,漢代以後逐漸以「詞」代「辭」。「辭典」通常指百科性的辭書,「詞典」常指一般的語文辭書,查字、詞義。

文六 重三

辡部

辡 辡 biàn　　罪人相與訟也。从二辛。凡辡之屬皆从辡。〔方免切〕

【注釋】

此即「辯」之初文也。

辯 辯 biàn　　治也。从言在辡之閒。〔符蹇切〕

【注釋】

本義是辯論,引申為巧辯的話,如「積辯累辭」。引申為言辭動聽,如「子言非不辯也,吾所要者,土地也」。引申為口才好,如「子貢辯智而魯削」。今有「辯口」「辯給」。

段注:「謂治獄也。治者,理也。俗多與辨不別。辨者,判也。」

文二

壬部

壬 壬 rén　　位北方也。陰極陽生,故《易》曰:龍戰於野。戰者,接也。象人懷妊之形。承亥壬以子,生之敘也。與巫同意。壬承辛,象人脛。脛,任體也。凡壬之屬皆从壬。〔如林切〕

【注釋】

常用義大也,《爾雅》:「壬,大也。」《詩經》:「有壬有林。」又巧言諂媚,姦佞也,《漢書·元帝紀》:「壬人在位,而吉士雍蔽。」壬、佞,一聲之轉也。

段注:「巫像人兩袖舞,壬像人腹大也。」

文一

癸部

癸 ※ guǐ　　冬時，水土平，可揆度也。象水从四方流入地中之形。癸承壬，象人足。凡癸之屬皆从癸。〔居誄切〕※ 籀文从癶，从矢。

【注釋】

今通行重文癸。古代十天干記日，夏至後的第一個癸日開始夏九九。

段注：「癸本古文，小篆因之不改，故先篆後籀。而《艸部》葵作※，《手部》揆作※，知古形聲兼取二形也。」段說未必量，揆篆可能是據隸改篆的結果。

文一　重一

子部

子 ♀ zǐ　　十一月，陽气動，萬物滋，人以為稱。象形。凡子之屬皆从子。〔李陽冰曰：子在襁褓中，足並也。〕〔即里切〕※ 古文子，从巛，象髮也。※ 籀文子，囟有髮，臂脛在几上也。

【注釋】

十一月對應十二地支子，故為子月。

十一月是月份的開始，因陽氣動，萬物滋也，故對應十二地支的開始子。農曆十一月是冬至所在的月份，常作為月份的開始，六十四卦中為復卦，坤卦下生一陽，一陽復起，故冬至一陽生，寒冷的土地開始變暖。夏曆，即今農曆，以農曆的一月（寅月）為歲首正月。周曆以農曆十一月（子月）為歲首正月。夏曆更符合農時，故後代採之。《律書》：「子者，滋也，孳萌於子，言萬物滋於下也。」

李陽冰是唐朝文學家和書法家，李白的堂叔，被譽為「李斯後書寫小篆第一人」。見《說文·序》。

甲文作※、※，今按：甲、金文十二支之子，和「巳」「子某」之子分用不混。前者與籀文相近，象小兒頭上有髮及兩脛之形。後者與小篆形近，上象幼兒頭及兩臂，下象兩足並於襁褓中。或以為二者是一字之異體，本義是幼兒，象形，借為干支字。

引申出幼小義，如「子雞」，謂小雞也。本金為母，利息為子，故引申出利息義，如「本子相侔」。從事某種行業的人謂之子，如「舟子」「士子」。古代稱老師為子，如

「子墨子」。

孕 ⟨字形⟩ yùn　　懷子也。从子，从几。〔徐鍇曰：取象於懷妊也。〕〔以證切〕

㝃 ⟨字形⟩ fān（娩）　　生子免身也。从子，从免。〔徐鍇曰：《說文》無免字，疑此字从㝃省。以免身之義，通用為解免之免。晚、冕之類皆當从㝃省。〕〔芳萬切〕〔臣鉉等曰：今俗作亡辯切。〕

【注釋】

今作娩，亡辯切，音 miǎn。子母相解，生下嬰兒，使母體解免，故叫娩。

段注：「按許書無免字，據此條則必當有免字，偶然逸之，正如由字耳。免聲當在古音十四部，或音問，則在十三部，與兔聲之在五部者迥不同矣。但立乎今日以言六書，免、由皆不能得其象形、會意，不得謂古無免、由字也。㝃則會意兼形聲。」

字 ⟨字形⟩ zì　　乳也。从子在宀下，子亦聲。〔疾置切〕

【注釋】

本義是生育，乳之本義亦是生育。《周易》：「女子貞不字，十年乃字。」正用本義。引申為養育，如「字育」。見下「穀」字注。引申愛也，《左傳》：「楚雖大，非吾族也，其肯字我乎？」

人成年則取字，字乃名之衍生物。字者，孳也，故叫字，又叫表字。表，外也，謂多出來的。猶古人的號叫綽號，又叫外號，綽，餘也。女子十五歲成年行筓禮，取字。有了字意味著成年，可以婚配，故女子許嫁謂之字，未許嫁叫「待字閨中」。

文字叫字，亦得名於滋生。字又專指字音，如「咬字清楚」「字正腔圓」。《說文‧敘》：「文者，物象之本，字者，言孳乳而浸多也。」段注：「人及鳥生子曰乳，獸曰產，引申之為撫字，亦引申之為文字。」

穀 ⟨字形⟩ gòu　　乳也。从子，㱿聲。一曰：穀瞀也。〔古候切〕

【注釋】

《爾雅》：「穀、鞠，生也。」《詩經》：「父兮生我，母兮鞠我。」本字當作穀，養育、餵養也。乳有生義，也有養育義，字亦有此二義，同步引申也。「一曰：穀

瞀」，或作「溝瞀」「恂愁」，愚昧貌。

段注：「上文之乳，謂生子也。此乳者，謂既生而乳哺之也。《左傳》曰：楚人謂乳穀。其音乃苟切，今本《左傳》作縠，《漢書》作穀，或作豰，皆非也。」

孿 孿 shuàn　　一乳兩子也。从子，絲聲。〔生患切〕

【注釋】

今音 luán。孿乃草書楷化字形。

孿者，連也，謂兩子連生也。《說文》：「孿，係也。」孿本義是連在一起。連著的山謂之巒，今有「山巒起伏」。戀，慕也，感情繫於某謂之戀。孿、孿、戀、巒皆同源詞也。段注：「孿之言連也。」

孺 孺 rú　　乳子也。一曰：輸也。輸尚小也。从子，需聲。〔而遇切〕

【注釋】

本義是小孩，如「婦孺皆知」。

今有「俯首甘為孺子牛」，「孺子牛」猶「牧童騎黃牛」之意耳。今人有唐長孺，長孺者，老小孩也。常用有親睦義，《詩經》：「和樂且孺。」

「孺人」謂大夫的妻，宋代為五品官母親、妻子的封號。明清為七品官母親、妻子的封號，今通用為婦人的尊稱。舊時書信仍用「老孺人」稱呼婦女。古代諸侯的妻為夫人，明清一二品官的妻子封夫人，後來也泛指對婦女的尊稱。同步引申也。

段注：「凡幼者曰孺子，此其義也。《爾雅》曰：孺，屬也。亦以同音為訓。屬者，聯也。」

季 季 jì　　少稱也。从子，从稚省，稚亦聲。〔居悸切〕

【注釋】

年少之稱。

伯仲叔季，排行在最後的。一個季節或朝代的末尾也叫季，如「季月」，謂每季的最後一個月。蔡文姬《悲憤詩》：「漢季失權柄，董卓亂天下。」漢季謂漢末也。叔、季都指最後，「叔世」猶末世也。段注：「叔季皆謂少者，而季又少於叔。」「四季」這個意義上，古只說「四時」，不說「四季」。《三字經》：「曰春夏，曰秋冬，此四時，運不窮」。

孟 ☐ mèng　　長也。从子，皿聲。〔莫更切〕☐古文孟。

【注釋】

排行老大，《爾雅》：「孟、伯、兄，長也。」「孟春」，春季的第一個月，農曆正月也。孟、仲、季跟季節連用都是按農曆算月份的。如「仲夏」謂農曆五月也，「季冬」謂農曆十二月。「孟浪」，魯莽也，如「此事不可孟浪」。

或謂從子、從皿，像盛子於皿中祭祀或拋棄之形，上古有拋棄首子或用首子祭祀之俗，可備一說。小篆理據重組，變為形聲字。

段注：「古音在十部，讀如芒。《爾雅》：孟，勉也。此借孟為猛。」

孽 ☐ niè　　庶子也。从子，辥聲。〔魚列切〕

【注釋】

隸變作孽。本義是家族的旁支，如「孽子」「孽孫」。

常用義是罪過、災禍，今有「孽障」「造孽」。糵亦有災禍、罪過義，同步引申也。孽引申出危害義，《呂氏春秋》：「聖賢之後，反而孽民。」

段注：「凡木萌旁出皆曰糵，人之支子曰孽，其義略同。何注《公羊》曰：庶孽，眾賤子，猶樹之有糵生。得其義矣。」糵、孽同源詞也。

孳 ☐ zī　　汲汲生也。从子，茲聲。〔子之切〕☐籀文孳，从絲。

【注釋】

不斷地繁衍生育。孳，生也。今有「孳生」。「孳孳」，猶「孜孜」也，勤勉努力貌。滋、孳，同源詞也。

段注：「《攴部》孜下曰：孜孜，汲汲也。此云：孳孳，汲汲生也。孜、孳二字古多通用。《堯典》：鳥獸孳尾。某氏傳曰：乳化曰孳。然則蕃生之義當用孳，故從茲。無怠之義當用孜，故從攴。」

孤 ☐ gū　　無父也。从子，瓜聲。〔古乎切〕

【注釋】

幼而無父曰孤，老而無妻曰鰥，老而無夫曰寡，老而無子曰獨。

段注：「引申之，凡單獨皆曰孤。孤則不相酬應，故背恩者曰孤負。」引申為辜

負義，今有「孤恩負義」。帝王自稱孤，謙稱也，猶寡人、不穀（不善）之謂也。

存 𢪏 cún　　恤問也。从子，才聲。〔徂尊切〕

【注釋】

本義是安慰。

今有「存問」「存慰」「存恤」。曹操《短歌行》：「越陌度阡，枉用相存。」又有思念義，今有「思存」「存想」「存念」，《詩經》：「出其東門，美女如雲，雖則如雲，匪我思存。」

孝 𡥉 jiào　　放也。从子，爻聲。〔古肴切〕

【注釋】

此乃「教」之初文也。

段注：「放、仿古通用，孝訓放者，謂隨之依之也，今人則專用仿矣。教字、學字皆以孝會意。教者，與人以可仿也。學者，仿而像之也。」

疑 𡤾 yí　　惑也。从子、止、匕，矢聲。〔徐鍇曰：止，不通也。矣，古矢字。反匕之，幼子多惑也。〕〔語其切〕

【注釋】

惑有疑惑義，有惑亂義。

疑亦有此二義，同步引申也。《韓非子・五蠹》：「盛容服而飾辯說，以疑當世之法。」疑，惑亂也。疑由懷疑義引申出猶豫不決，《商君書》：「疑行無成，疑事無功。」又通「擬」，定也。《小爾雅》：「沮，疑也。」沮亦定也，止也。《荀子》：「無所疑止之。」

　　文十五　重四

了部

了 ? liǎo　　尥也。从子無臂。象形。凡了之屬皆从了。〔盧鳥切〕

【注釋】

尥，行走時腿腳相交。了、瞭之別，見前「瞭」字注。王筠：「了無雙臂，子無

右臂，孑無左臂，皆從子變來。」

段注：「彳，行脛相交也。凡物二股或一股結糾紾縛不直伸者曰了戾。《方言》：軫，戾也。郭注：相了戾也。《方言》曰：佻，縣也。郭注：『了佻，縣物皃。丁小反。』按他書引皆作『了ㄥ』，亦即許之『了彳』也。假借為憭悟字。」

明白、聰明義，本字當作「瞭」，《玉篇》：「瞭，目明也。」今有「不甚了了」「一目了然」「小時了了，大未必佳」。了有全義，《晉書》：「了無喜色。」又有完畢義。畢、總亦有此二義，同步引申也。

孑 jié　　無右臂也。从了，乚象形。〔居桀切〕

【注釋】

常用義是孤單、孤獨，如「煢煢孑立，形影相弔」，今有「孑然一身」。「孑遺」謂經變故以後遺留下來的人。又指戟，《廣雅》：「孑，戟也。」《左傳》：「授師孑焉。」

段注：「引申之，凡特立為孑。《詩》曰：孑孑干旄。又曰：靡有孑遺。《方言》曰：戟而無刃，秦晉之間謂之釨。釨即孑字，《左傳》正作孑。」

孓 jué　　無左臂也。从了，丿象形。〔居月切〕

【注釋】

《爾雅》：「孑孓，蜎也。」郭璞云：「井中小蛣蟩，赤蟲也。」孑孓謂水中的小蟲，來回彎曲，故叫孑孓，俗稱跟頭蟲，即蚊子之幼蟲。今有「孑孓躑躅，砥礪前行」，謂不畏困難，奮勇前行也。「剞劂」是一種曲刀，同源詞也。

文三

孨部

孨 zhuǎn　　謹也。从三子。凡孨之屬皆从孨。讀若翦。〔旨兗切〕

【注釋】

此「孱弱」之本字及初文也。

段注：「《大戴禮》曰：博學而孱守之。正謂謹也，引申之義為弱小。《史記》：吾王，孱王也。韋昭曰：仁謹貌。孟康曰：冀州人謂懦弱為孱。此引申之義，其字則多假孱為孨。」

屏 𡰮 chán　　迮也。一曰：呻吟也。从孨在尸下。〔臣鉉等曰：尸者，屋也。〕〔士連切〕

【注釋】

迮，狹窄也。段注：「按此迮當為笮，今之窄字也。」

常用義是懦弱，引申為淺薄，如「膚屏」謂膚淺也。一說，尸代表人體，像產子眾多形，產子眾多則屏弱，本義當是屏弱，引申出狹窄也。「屏顏」，通「巉岩」，高峻貌。

香 𡭧 nǐ　　盛貌。从孨，从日。讀若薿薿。一曰：若存。〔魚紀切〕𡭥籀文香，从二子。一曰：㚆即奇字晉。

【注釋】

「讀若薿薿」，以讀若破假借也。薿薿，茂盛貌。《詩·小雅·甫田》：「今適南畝，或耘或耔，黍稷薿薿。」

文三　重一

去部

去 𠫓 tū　　不順忽出也。从到子。《易》曰：「突如其來如。」不孝子突出，不容於內也。凡去之屬皆从去。〔他骨切〕𠫓或从到古文子，即《易》突字。

【注釋】

忽，突也。去、㐬，像倒子之形，毓、疏、流字從之。此即突之初文也，突即急速向外衝撞。忽者，急也。

育 𣫉 yù（毓）　　養子使作善也。从去，肉聲。《虞書》曰：教育子。〔徐鍇曰：去，不順子也。不順子亦教之，況順者乎？〕〔余六切〕𣫕育，或从每。

【注釋】

本義是生孩子，育即生也，今有「生育」。

　　「生兒育女」即生育兒女，生孩子叫育，養孩子也叫育。字、乳皆有此二義，同步引申也。引申為教育。許慎的解釋教育是引申義，非本義。毓、育本一字之異體，今分別異用。毓多用於人名，「鍾靈毓秀」字，常用毓。

　　甲文作𠫓、𥝌，象生子之形，羅振玉《增訂殷虛書契考釋》：「此字變體甚多，從女，從倒子之形。或從人、從母，其意同。以字形言，產子為本義。」

　　疏 𥞴 shū　　通也。从㐬，从㐬，㐬亦聲。〔所菹切〕

【注釋】

　　本義是疏通。常用有分散義，今有「疏散」。有粗糙義，《說文》：「粗，疏也。」今有「粗疏」。「蔬食」，粗飯也。古代特指高粱飯，即稷。精則指米飯。

　　引申出不周密義，今有「疏忽」。又有分條陳述義，奏摺名疏者，取此義也。引申不熟悉也，今有「生疏」「人生地疏」。引申有空義，今有「志大才疏」。

　　段注：「《㐬部》曰：㐬，通也。疏與㐬音義皆同，皆從㐬者，㐬所以通也。古㐬、疏、鼩三字通用矣。疏之引申為疏闊、分疏、疏記。」

　　文三　重二

丑部

　　丑 𠃛 chǒu　　紐也。十二月，萬物動，用事。象手之形。時加丑，亦舉手時也。凡丑之屬皆从丑。〔敕九切〕

【注釋】

　　甲骨文作𠃛，象手指之形。郭沫若《甲骨文字研究》：「象爪之形，當即古爪字，許象手之形，是也。」

　　從丑之字多與手的動作有關。古丑、醜字有別，丑為地支，醜為醜陋字，簡化漢字歸併為一。見前「醜」字注。

　　䏔 𦥑 niǔ　　食肉也。从丑，从肉。〔女久切〕

【注釋】

　　又作為「衄」之俗字，鼻出血也。

　　羞 𦎍 xiū　　進獻也。从羊，羊，所進也。从丑，丑亦聲。〔息流切〕

【注釋】

本義是進獻，《爾雅》：「羞，進也。」

《尚書》：「人之有能有為，使羞其行，而邦其昌。」引申之，進獻的東西也叫羞，加食作饈，今有「珍饈佳餚」。「羞」「恥」「辱」之別，見前「恥」字注。

文三

寅部

寅𡩟 yín　　髕也。正月，陽气動，去黃泉，欲上出，陰尚彊，象宀不達，髕寅於下也。凡寅之屬皆从寅。〔徐鍇曰：髕斥之意，人陽气銳而出，上閡於宀曰，所以擯之也。〕〔弋真切〕𡩟 古文寅。

【注釋】

常用義是敬，《爾雅》：「寅，敬也。」

近人有陳寅恪，恪亦敬也。《離騷》：「攝提貞於孟陬兮，惟庚寅吾以降。」「攝提格」對應寅年，陬月是正月，是寅月，庚寅是干支紀日，寅日是虎日。屈原的生日是虎年虎月虎日，所以屈原津津樂道之。

文一　重一

卯部

卯卯 mǎo　　冒也。二月，萬物冒地而出，象開門之形，故二月為天門。凡卯之屬皆从卯。〔莫飽切〕𣕎 古文卯。

【注釋】

冒者，聲訓也。常用義是卯時，相當於早上五到七點鐘。古代官署辦公從卯時開始，官員上班要點名，故叫「點卯」。後來就把點名叫「點卯」，把應名叫「應卯」。

今有「丁是丁，卯是卯」，又作「釘是釘，鉚是鉚」，丁是釘的初文，卯是鉚的初文。卯、鉚指榫眼，又有「一鉚頂一楔」。

甲骨文作𠂤，像一物從中間剖開，又像二戶向背。吳其昌《金文名象疏證》：「卯之本義為刀雙並立之形，卜辭中卯牛即劉牛，也即殺牛。」據此，則卯實為劉之初文也，劉之本義為殺，《爾雅》：「劉，殺也。」卯、劉古音同部，卯當即劉也。

文一　重一

辰部

辰 㲀 chén　　震也 [1]。三月，陽气動，靁電振，民農時也。物皆生，從乙、匕，象芒達。厂，聲也。辰，房星 [2]，天時也。從二，二，古文上字。凡辰之屬皆從辰。〔徐鍇曰：匕音化。乙，艸木萌，初出曲卷也。〕〔臣鉉等曰：三月，陽气成，艸木生，上徹於土，故從匕。厂，非聲，疑亦象物之出。〕〔植鄰切〕㲀 古文辰。

【注釋】

[1] 甲骨文作𣂁、𣂁，像耕田之刀鐮形。

　　郭沫若《甲骨文字研究》：「辰、蜃係一字，蜃從虫，例當後起。辰實古之耕器，其作貝殼形者，蓋蜃器也，附以提手，字蓋象形。其更加手若足形者，示操作之義。辰本耕器，故農、辱、蓐、耨等字均從辰。星之名辰者，蓋星象與農事大有攸關，古人多以耕器表彰之。」

　　商承祚《說文中之古文考》：「辰象以手振岩石，乃振之初字。」周谷城《古史拾零》：「就形體而言，正像人在岩下鑿石之狀。」

[2] 辰的常用義是星星，今有「星辰」。「北辰」猶北星也，即北極星。又日、月、星總稱「三辰」，猶「三光」也。有時間義，辰，時也。今有「時辰」「良辰美景」「生辰」「誕辰」。「辰光」謂時候、時間也。東方七宿之一的房宿也叫辰宿。見「商」字注。

　　段注：「房星為辰，田候也，則字亦作辰。《爾雅》：房、心、尾為大辰。是也。韋注《周語》曰：『農祥，房星也。』房星，晨正，為農事所瞻仰，故曰天時。引申之，凡時皆曰辰。《釋訓》云：不辰，不時也。」

　　水星又叫辰星，因水星在太陽兩邊擺動距離三十度左右，一周天分十二辰，每辰約三十度，故稱。房宿叫晨星，或寫作辰星。心宿別名也叫辰星。故辰星一名三物，不可不辨。

辱 㖾 rǔ　　恥也。從寸在辰下。失耕時，於封疆上戮之也。辰者，農之時也，故房星為辰，田候也。〔而蜀切〕

【注釋】

　　戮，辱也。戮有羞辱義。辱、羞、恥之別，見前「恥」字注。辱作為謙辭，謂自己的行為使對方受辱也，如「辱承指教」「辱蒙」。猶猥、忝之用法，如「忝列門

牆」「猥託賓客之上」。

楊樹達《積微居小學述林》：「辱從寸、從辰，蓋上古之時尚無金鐵，故手持磨銳之蜃以耘除穢草，所謂耨也。」據楊樹達觀點，則辱乃耨之初文也。其說可從。

文二 重一

巳部

巳 𠂤 sì　　已也。四月，陽气已出，陰气已藏，萬物見，成文章，故巳為蛇，象形。凡巳之屬皆从巳。〔詳里切〕

【注釋】

甲骨文作𠙹，與子同形。《說文》「包」字云：「巳在中，象子未成形也。」

古代用十二地支紀日，古有「上巳節」，最初是在三月的第一個巳日，魏晉後定在農曆三月初三。人們在河邊遊玩，祓除不祥，即《蘭亭序》所謂「修禊事也」。俗字系統中，己、巳、已多不分，需準上下文定是何字。

段注：「《律書》曰：巳者，言萬物之已盡也。《律曆志》曰：巳盛於巳。《淮南·天文訓》曰：巳則生已定也。《釋名》曰：巳，畢布已也。辰巳之巳既久用為已然、已止之已，故即以已然之已釋之。《序卦》傳：蒙者，蒙也。比者，比也。剝者，剝也。《毛詩》傳曰：盧，盧也。自古訓故有此例，即用本字，不叚異字也。漢人巳午與已然無二音，其義則異而同也。」

㠯 𠃟 yǐ（以）　　用也。从反巳。賈侍中說：巳，意已實也。象形。〔羊止切〕

【注釋】

今作「以」字。段注：「與巳篆形勢略相反也。巳主乎止，㠯主乎行，故形相反。二字古有通用者。又按今字皆作以，由隸變加人於右也。」

金文作𠃟，㠯像耕地的農具，「以」像人用㠯形，耜字即㠯，古文借㠯為「以」，訓為用。

「以」的本義是用，《涉江》：「忠不必用兮，賢不必以。」「用」有使用、任用義，有介詞因為義，「以」也有此三義項，同步引申也。「以」有以為、認為義，《戰國策》：「皆以美於徐公。」今有「以為」，同義連文也。

又有原因義，《列子》：「宋人執而問其以。」又表示「在……的時候」，引進時

間詞，《史記》：「（田）文以五月五日生。」又連詞，相當於而，《遊褒禪山記》：「夷以近，則遊者眾；險以遠，則至者少。」

　　文二

午部

　　午 ⍭wǔ　　啎也。五月，陰气午逆陽，冒地而出。此予矢同意。凡午之屬皆从午。〔疑古切〕

【注釋】

　　午即啎之初文。

　　午有交錯義，《禮記》：「午割之。」即交錯割之也。今有「交午」，即交錯。又有忤逆義，《禮記》：「午其眾以伐有道。」後作迕，今有「迕逆」。五、午同源詞也，《說文》：「五，五行也。從二，陰陽在天地間交午也。」

　　甲骨文作⚊，金文作⚊，朱駿聲《說文通訓定聲》：「午，古杵字也。」郭沫若《甲骨文字研究》：「索形，殆馭馬之轡也，金文誤以為杵形而訛變。」

　　古用十二地支紀日，農曆五月的第一個午日即端午節，後固定到五月初五。古人於午時三刻（相當於今上午 11：45 分）斬殺罪大惡極之徒，因此時陽氣最盛，使其連鬼都做不成。十二點整陽氣已有衰落之象，所謂物極必反也。「午夜」指半夜，夜裏十二點鐘前後。

　　段注：「《廣雅·釋言》：午，仵也。按仵即啎字。四月純陽，五月一陰屰陽，冒地而出，故製字以象其形。古者橫直交互謂之午，義之引申也。《儀禮》：度而午。注云：一縱一橫曰午。」

　　啎 ⍭wǔ（忤）　　逆也。从午，吾聲。〔五故切〕

【注釋】

　　今作忤。本義是忤逆，今有「抵忤」。從吾之字多有違背、忤逆義，見前「語」字注。

　　段注：「逆，迎也。屰，不順也。今則逆行而屰廢矣，相迎者必相屰，古亦通用逆為屰。考《儀禮》之梧受，《爾雅》《釋名》之梧丘，《太史公書》之魁梧、枝梧，《漢書》之抵梧，皆是啎之訛字。啎，屰也，迎也，遻也。不識啎字，乃多妄改。」

　　文二

未部

未 ♈ wèi　　味也。六月，滋味也。五行，木老於未。象木重枝葉也。凡未之屬皆从未。〔無沸切〕

【注釋】

甲骨文作♈，像樹枝形。林義光《文源》：「未，古枚字，枝榦也。」饒炯《說文部首訂》：「未從木，重其枝葉，指事也，言其時萬物滋長。」枝葉生樹頂，故同「末」，古皆明母。

作虛詞，未猶沒也，一聲之轉，古無輕唇音，輕唇歸重唇也。不也，今有「未知可否」，《史記》：「人固未易知，知人亦未易也。」王維詩：「寒梅著花未？」未猶嗎也，用在句末，表詢問。未、嗎一聲之轉也。

或謂即「寒梅著花未著花」這一正反問的省略形式，亦通。現代漢語「沒」也有此用法，如「你吃飯沒？」似以第二種解釋為宜。《史記》：「上乃曰：君除吏已盡未？吾亦欲除吏。」《世說新語》：「及魏武作司空，總朝政，從容問宗曰：『可以交未？』」「可以交未」謂「可以交不可以交」。

文一

申部

申 ㄓ shēn　　神也。七月，陰气成，體自申束。从臼，自持也。吏臣鋪時聽事，申旦政也。凡申之屬皆从申。〔失人切〕ㄓ 古文申。㠯 籀文申。

【注釋】

常用義是伸直、舒展，後來寫作伸。

有陳述、說明義，如「申請」。有告誡義，今有「三令五申」。「申斥」謂斥責也。有重複義，《尚書》：「伊尹申告於王。」《爾雅》：「申，重也。」今有「重申」。「申述」謂反覆表述。身、申，同源詞，身的本義是懷孕，人腹中又有一人也。

甲骨文作ϟ、ϟ，葉玉森《殷墟書契前編集釋》：「像電耀曲折，許君虹字下云：申，電也。余謂像電形乃朔（初始）義，神乃引申義也。」

䢅 䢅 yǐn　　擊小鼓，引樂聲也。从申，柬聲。〔羊晉切〕

【注釋】

古代敲擊用以引樂的小鼓，或作「棟」。

曳 𦥑 yú　　束縛捽抴為曳。从申，从乙。〔臣鉉等曰：乙，屈也。〕〔羊朱切〕

【注釋】

捆綁時抓住頭髮拖拉為曳。本義即拖拉。今「瘐死」之本字也，囚犯死在獄中謂之瘐死。

段注：「束縛捽抴為曳曳。曳字各本無，補。束縛而牽引之謂之曳曳，凡史稱瘐死獄中皆當作此字。曳曳者，曳之本義。凡云須曳者，殆方語如是，不關本義。」

曳 𦥒 yè　　曳曳也。从申，厂聲。〔余制切〕

【注釋】

本義是拖拉。今有「棄甲曳兵」。後加手作拽。曳，猶拖也，一聲之轉。

段注：「曳、曳已見上文，故但云：曳曳也，此許之通例也。曳、曳雙聲，猶牽引也，引之則長，故衣長曰曳地。」

文四　重二

酉部

酉 酉 yǒu　　就也。八月黍成，可為酎酒。象古文酉之形。凡酉之屬皆从酉。〔與久切〕𦥔 古文酉。从卯，卯為春門，萬物已出。酉為秋門，萬物已入。一，閉門象也。

【注釋】

酉像酒罈子之形，甲骨文作𦥓，郭沫若《甲骨文字研究》：「乃壺尊之形，卜辭、古金文多假以為酒字。」劉心源《奇觚室吉金文述》：「酉，古文酒字，像酒器形，自假為丣字，乃加水以別之。」

重文作丣，今隸變作卯，與干支卯字同形，故今從卯之字有兩個來源，見前「柳」字注。丣、卯古籍多相訛，重文丣、卯相似故也。見「卯」字注。段注：「凡留、栁、聊、劉字從丣。」

酒 jiǔ　　就也。所以就人性之善惡。从水，从酉，酉亦聲。一曰：造也，吉凶所造也。古者儀狄作酒醪，禹嘗之而美，遂疏儀狄。杜康作秫酒。〔子酉切〕

【注釋】

商承祚《殷墟文字類編》：「酒，像酒由尊中挹出之狀，《說文》酉與酒訓略同，故金文酒字皆作酉。」

段注：「少康作箕帚秫酒。少康者，杜康也。按許書事物原始皆用《世本》，此皆出《世本》。」

醽 méng　　籀生衣也。从酉，冡聲。〔莫紅切〕

醷 yín　　孰籀也。从酉，甚聲。〔余箴切〕

釀 niàng（酿）　　醖也，作酒曰釀。从酉，襄聲。〔女亮切〕

【注釋】

酿，乃新造之俗字也。本義是釀酒，引申酒也叫釀，如「陳釀」「佳釀」。醖亦有此二義，同步引申也。

醖 yùn（酝）　　釀也。从酉，昷聲。〔於問切〕

【注釋】

酝，乃新造之俗字。本義是釀酒。

引申酒也叫醖，今有「佳醖」。梅堯臣《永叔贈酒》：「天門多奇醖，一斗市錢千。」醖、釀引申路徑相同，同步引申也。從昷之字多有藏義，如蘊藉、熅（鬱煙也）、慍（含怒也）、搵（沒也）、輼（臥車也）。

段注：「引申為醖藉，師古云：謂如醖釀及薦藉，道其寬博重厚也。今人多作蘊藉，失之遠矣。《毛詩》叚借溫字。」

奞 fān　　酒疾孰也。从酉，弁聲。〔芳萬切〕

【注釋】

《廣韻》：「一宿酒。」謂一宿而孰也。

酴 酴 tú　　酒母也。从酉，余聲。讀若廬。〔同都切〕

【注釋】

　　酒麴也。

　　「酴米」謂用米飯做的酒麴。酒汁之未和水者亦謂之酴。重釀的酒叫酴酒。「酴酥」，酒名也，也作「屠蘇」，王安石《元日》：「春風送暖入屠蘇。」

釃 釃 shī　　下酒也。一曰：醇也。从酉，麗聲。〔所綺切〕

【注釋】

　　本義是濾酒糟取清酒也，即濾酒。

　　《詩‧小雅‧伐木》：「釃酒有衍。」毛傳：「以筐曰釃，以藪曰湑。」常用義是斟酒、倒酒，如「釃酒臨江」。又有疏導義，如「釃濬」，謂疏導河流也。

　　段注：「《小雅》曰：釃酒有藇。又曰：有酒湑我。傳曰：以筐曰釃，以藪曰湑。湑，茜之也。引申為分疏之義，《溝洫志》云：釃二渠以引河。」

酮 酮 juān　　釃酒也。从酉，冐聲。〔古玄切〕

【注釋】

　　段注：「《玉篇》曰：以孔下酒也。按謂涓涓而下也。」

醨 醨 lì　　酮也。从酉，鬲聲。〔郎擊切〕

【注釋】

　　段注：「《廣韻》曰：下酒也。按謂滴瀝而下也，在《水部》作瀝，在《酉部》作醨，《周禮‧量人》作歷，古文假借。」

醴 醴 lǐ　　酒一宿孰也。从酉，豊聲。〔盧啟切〕

【注釋】

　　本義是釀一宿就熟的酒。常指甜酒，如「小人之交甘若醴」。「醴泉侯」，酒的別稱，又指甜美的泉水。「醴液」謂甘美的泉水。

　　段注：「《周禮‧酒正》注曰：醴，猶體也。成而汁滓相將，如今恬酒矣。按汁滓相將，蓋如今江東人家之白酒。滓即糟也，滓多，故酌醴者用柶。醴甘，故曰如今恬

酒，恬即甜也。許云一宿孰，則此酒易成與？《禮經》：以醴敬賓曰醴賓。」

醪 ![醪篆] láo　　汁滓酒也。从酉，翏聲。〔魯刀切〕

【注釋】

濁酒，汁滓混合的酒，即沒有過濾掉酒糟的酒。今有「濁醪」。「醪糟」謂米酒。醇酒亦謂之醪，如「醇醪」。

段注：「《米部》曰：糟，酒滓也。許意此為汁滓相將之酒，醴為一宿孰之酒，與鄭異。」

醇 ![醇篆] chún　　不澆酒也。从酉，享聲。〔常倫切〕

【注釋】

本義是不澆水的醇酒。澆有薄義。純的本義是衣服的邊緣，醇乃今純粹、純厚之本字也。常用義是純粹，「醇駟」謂毛色一致的四匹馬。「大醇小疵」謂優點多、缺點少也。

段注：「凡酒沃之以水則薄，不雜以水則曰醇。故厚薄曰醇澆，醇雜亦即此字，一色成體謂之醇。純其假借字。」

醹 ![醹篆] rú　　厚酒也。从酉，需聲。《詩》曰：酒醴惟醹。〔而主切〕

酎 ![酎篆] zhòu　　三重醇酒也。从酉，从時省。《明堂月令》曰：孟秋，天子飲酎。〔除柳切〕

【注釋】

反覆多次釀成的酒，即濃酒。酎之言醇也，謂重釀之酒也。紂者，緊也。酎、紂同源詞也。

段注：「《廣韻》作三重釀酒，當從之。謂用酒為水釀之，是再重之酒也，又用再重之酒為水釀之，是三重之酒也。杜預注《左傳》曰：酒之新孰重者曰酎。鄭注《月令》曰：『酎之言醇也，謂重釀之酒也。』醇者其義，釀者其事實。」

醠 ![醠篆] àng　　濁酒也。从酉，盎聲。〔烏浪切〕

【注釋】

一般指清酒，泛指酒。

醲 nóng　　厚酒也。从酉，農聲。〔女容切〕

【注釋】

本義是濃酒。今有「醲醖」，厚酒、好酒也。「醲醴」，美酒也。從農之字多有厚義，見前「襛」字注。

醶 róng　　酒也。从酉，茸聲。〔而容切〕

【注釋】

重釀之酒。茸聲，聲兼義也。茸本義是草繁盛貌。

酤 gū　　一宿酒也。一曰：買酒也。从酉，古聲。〔古乎切〕

【注釋】

本義是一個晚上釀成的酒，即薄酒。泛指酒，《商頌》：「既載清酤。」毛傳：「酤，酒也。」「清酤」即清酒。「酤坊」「酤家」「酤肆」謂酒店也。

買酒、賣酒都謂之酤。《小雅》：「無酒酤我。」買酒也。「青旗酤酒有人家」，賣酒也。此二義又寫作沽。沽的泛稱買賣義一般不寫作酤，如「沽名釣譽」「待價而沽」，不能寫作酤。

䣊 zhī　　酒也。从酉，䇅省。〔陟離切〕

醂 làn　　泛齊，行酒也。从酉，監聲。〔盧瞰切〕

醶 gǎn　　酒味淫也。从酉，贛省聲。讀若《春秋傳》曰：美而豔。〔古禫切〕

【注釋】

段注：「酒味濃烈，謂酒味淫液深長。」

酓 yǎn　　酒味苦也。从酉，今聲。〔臣鍇曰：歆字从此。〕〔咽嗛反〕

【注釋】

此「㿞」字篆文及說解，大徐本奪，據小徐本補。該字作偏旁常見，酒味苦也，又同「飲」。

酷 㷔 kù　　酒厚味也。从酉，告聲。〔苦沃切〕

【注釋】

本義是酒味濃厚。段注：「引申為已甚之義。酷，極也。」今有「酷暑」「酷似」「酷愛」。引申為殘酷、暴虐。

醰 醰 tán　　酒味苦也。从酉，覃聲。〔徒紺切〕

酻 酻 pò　　酒色也。从酉，宋聲。〔普活切〕

配 配 pèi　　酒色也。从酉，己聲。〔臣鉉等曰：己非聲，當從妃省。〕〔滂佩切〕

【注釋】

本義是用不同的酒相配，形成不同的顏色。清吳善述《說文解字廣義校訂》：「配即《內則》注所謂以清與糟相配也。」

段注：「本義如是，後人借為妃字，而本義廢矣。妃者，匹也。按：妃、配製字之義相因。妃者，女與己為匹以相對也。配者，製酒成禮以相對而為匹也。二篆音同義貫，古多通用。」

妃的本義是配偶，今專指王妃。配，匹也。有配偶義，又有稱得上、對當義。匹也有此二義，同步引申也。左思《魏都賦》：「元勳配管仲之績。」配謂匹敵也。又有流放義，今有「發配」，杜甫詩：「除名配清江。」

酏 酏 yì　　酒色也。从酉，弋聲。〔與職切〕

醆 醆 zhǎn（盞）　　爵也。一曰：酒濁而微清也。从酉，戔聲。〔阻限切〕

【注釋】

後作盞字。

酌 zhuó　　盛酒行觴也。从酉，勺聲。〔之若切〕

【注釋】

　　本義是盛酒於杯中以勸酒。盛酒於杯中以飲人曰行觴。倒酒、舀酒都謂之酌，泛指舀取、取得也謂之酌。《詩經》：「洞酌彼行潦。」《淮南子》：「酌焉而不竭。」

　　泛指酒，李白詩：「茗酌待幽客。」酒食也謂之酌，今有「便酌」。引申出考慮、度量義，今有「酌情處理」。

醮 jiào　　冠娶禮祭。从酉，焦聲。〔子肖切〕禪醮，或从示。

【注釋】

　　指古代用於行冠禮、婚禮的一種斟酒儀式。引申出女子出嫁為醮，改嫁為「再醮」，《水滸傳》盧俊義說：「宗族無犯法之男，五服無再醮之女。」

　　又指祈禱神靈的祭禮。後專指道士、和尚為禳除災禍所設的道場，引申祭祀、祈禱義，道士設壇祭祀叫「打醮」，《水滸傳》有羅天大醮。另有常用義盡也，完也，「不醮」，不盡也。見「釂」字注。

醮 jǐn　　歃酒也。从酉，簪聲。〔子朕切〕

【注釋】

　　段注：「歃，歠也。歠，飲也。歃謂小飲之。」簪聲，兼義也。簪子，一端銳小也；鐕，可以綴箸物者。

酳 yìn（酳）　　少少歃也。从酉，勻聲。〔余刃切〕

【注釋】

　　即酳字，漱口也。

　　段注：「酳，漱也。酳之言演也，安也。漱所以潔口。按《禮》《禮記》皆作酳，許書作酳。《玉篇》云：酳、酳同字。」

醻 chóu（酬）　　主人進客也。从酉，壽聲。〔市流切〕酬酬，或从州。

【注釋】

　　今通行重文酬。

古代主人向客人敬酒叫獻，客人回敬主人叫酢，主人再敬客人叫酬，此所謂「三爵」，《左傳》：「臣侍君宴，過三爵，非禮也。」今之「酒過三巡」也。

段注：「凡主人酌賓曰獻，賓還酌主人曰醋（酢），主人又自飲以酌賓曰酬，至旅而爵交錯以徧。《彤弓》傳曰：酬，報也。謂報客之酢也。《瓠葉》傳曰：酬，道飲也。謂主人必自飲，如今俗之勸酒也。」

「酬酢」原指主客互相敬酒，泛指交際往來。酬，今引申為酬謝、報答義，如「報酬」「酬報」，用財物報答即「酬勞」。引申為對答義，如「應酬」、《西崑酬唱集》。又有實現義，今有「壯志未酬」。另有償還、償付義，如「酬值」，謂給錢也。皆從敬酒引申也。

醋䣞zuò（酢）　　客酌主人也。从酉，昔聲。〔在各切〕〔臣鉉等曰：今俗作倉故切。〕

【注釋】

許書醋、酢二字頭顛倒。客人用酒回敬主人叫酢，「酬酢」謂主客相互敬酒，引申為朋友交往應酬。

段注：「主人獻賓，賓酢主人，主人又飲而酌賓，謂之酬。按諸經多以酢為醋，惟《禮經》尚仍其舊。後人醋、酢互易，如種、穜互易。」

醯䤉mì　　飲酒俱盡也。从酉，盎聲。〔迷必切〕

醮䣤jiào　　飲酒盡也。从酉，嚼省聲。〔子肖切〕

【注釋】

醮有盡、完義，其本字當作醮。㰌、醯、湫，同源詞也。

段注：「按《欠部》：㰌，酒盡也。與此音義同，而本部醮、醯則各義。《水部》曰：湫，盡也。謂水也。」

酣䤃hān　　酒樂也。从酉，从甘，甘亦聲。〔胡甘切〕

【注釋】

本義是酒喝得比較暢快，引申為暢快盡情。段注：「中酒曰酣，引申為凡飽足之稱。」今有「酣飲」「酣睡」。王安石詩：「荷花落日紅酣。」

酖 醓 dān 　　樂酒也。从酉，尤聲。〔丁含切〕

【注釋】

本義是沉湎於喝酒，引申出沉湎安樂義。《氓》「無與士耽」之本字也。

段注：「毛詩假耽及湛以為酖。《氓》傳曰：耽，樂也。《鹿鳴》傳曰：湛，樂之久也。引申為凡樂之稱。《左傳》曰：宴安酖毒，不可懷也。從來謂即鴆字，竊謂非也。所樂非其正，即毒也，謂之酖毒。」

醧 醧 yù 　　私宴飲也。从酉，區聲。〔依倨切〕

【注釋】

在家庭舉行私宴。今私宴「飫」之本字也。《說文》：「飫，燕食也。」本義是日常的飲食。《詩經》：「儐爾籩豆，飲酒之飫。」韓詩作醧。飫有飽義，今有「飫聞」，即聽得多。

段注：「《尚書》傳曰：宗室有事，族人皆侍終日。大宗已侍於賓，暮然後燕私。燕私者何也？祭已而與族人飲也。今《湛露》傳亦訛為私燕矣。宴私之飲謂之醧，見韓詩。毛、韓各有所受，往往毛多古字，韓為今字，此一條韓為正字，毛為假借字。」

《詩經》：「諸父兄弟，備言燕私。」私宴飲即燕私。毛傳：「燕而盡其私恩。」朱熹集傳：「祭畢既歸賓客之俎，同姓則留與之燕，以盡私恩，所以尊賓客、親骨肉也。」

醵 醵 jù 　　會飲酒也。从酉，豦聲。〔其虐切〕醵 醵，或从巨。

【注釋】

會者，聚錢也。《禮記·禮器》注曰：「合錢飲酒曰醵。」本義是湊錢飲酒。乃古代聚餐之 AA 制。引申出聚集、湊（指錢）義，如「醵資」。《廣雅》：「醵，飲也。」

酺 酺 pú 　　王德布，大飲酒也。从酉，甫聲。〔薄乎切〕

【注釋】

《漢律》：「三人以上無故飲酒，罰金四兩。」古代國有喜慶，特賜臣民聚會飲酒。指歡聚飲酒，如「酺宴」「天下大酺」。甫聲，聲兼義也。《爾雅》：「甫，大也。」

《廣雅》：「醋，飲也。」

醅 醅 pēi　　醉飽也。从酉，咅聲。〔匹回切〕

【注釋】

　　本義是又醉又飽。又指未過濾的酒，叫「醅酒」，如「綠蟻新醅酒」。段注：「後人用潑醅字，謂酒未沛（過濾）也，與古義絕殊。」

醉 醉 zuì　　卒也。卒其度量，不至於亂也。一曰：潰也。从酉，从卒。〔將遂切〕

【注釋】

　　卒也，聲訓也。本義是喝醉。喻指極端的愛好，如「心醉」「陶醉」。用酒泡亦謂之醉，今有「醉棗」「醉蝦」。

　　段注：「此以會意包形聲，卒亦聲也。一曰：潰也。此別一義，潰當為漬之誤，若今醉蟹、醉蝦之類。」

醺 醺 xūn　　醉也。从酉，熏聲。《詩》曰：公尸來燕醺醺。〔許云切〕

【注釋】

　　醺醺，醉的樣子。草謂之薰，黃昏謂之曛，同源詞也。

　　段注：「《大雅・鳧鷖》文，今《詩》作來止熏熏，上四章皆云來燕，則作燕宜也。醺醺恐淺人所改。毛傳：熏熏，和悅也。許以『來燕熏熏』釋此篆之從酉、熏，正與釋豐、釋麗、釋荆、釋庸之引《易》同例。此亦引經釋會意之例也，學者不悟久矣。」

　　鵬按：許書引古書例句，或釋字形，或破假借，或釋字義，此釋字形也。究竟是釋字形還是釋義，得看該字在所舉例子中的意義。今本《詩經》作熏熏，毛傳：熏熏，和悅也。此乃古訓，可證「公尸來燕熏熏」不是說的醉酒貌。故許引用之非證字義，而是證醺為何從酉、熏。後人不達此理，改《說文》所引之「公尸來燕熏熏」為「公尸來燕醺醺」，誤導我們以為《說文》所引乃另外一個版本。

醟 醟 yòng　　酗也。从酉，熒省聲。〔為命切〕

酗 酗 xù（酗）　　醉酗也。从酉，句聲。〔香遇切〕

【注釋】

今作酗字。以酒為凶曰酗。

醒 醒 chéng　　病酒也。一曰：醉而覺也。从酉，呈聲。〔直貞切〕

【注釋】

指喝醉了神志不清，如「憂心如醒」。

段注：「許無醒字，醉中有所覺悟即是醒也，故醒足以兼之。《字林》始有醒字，云：酒解也。見《眾經音義》。蓋義之岐出，字之日增，多類此。」

醫 醫 yī（医）　　治病工也。殹，惡姿也。醫之性然。得酒而使，从酉。王育說。一曰：殹，病聲。酒所以治病也，《周禮》有醫酒。古者巫彭初作醫。〔於其切〕

【注釋】

今簡化作医，省旁俗字也。酒可以治病，故從酉。

段注：「《酒人》：辨四飲之物，二曰醫。醫非酒也，而謂之醫者，醫亦酒類也。言此者，此亦醫字從酉之一說。醫本酒名也，《內則》作臆。

殹，惡姿也。此說從殹之故。《殳部》曰：殹，擊中聲也。初不訓惡姿。而《广部》：癳，劇聲也。劇聲謂疲極之聲。此從殹者，癳之省也。如會下云：曾，益也。曾即增。墨下云：壬，朝廷也。利下禾即穌，刺下未即味，又辛即辠，尸即屋，皆段借之法。」

鵬按：段注揭示了會意字構件的省借（或假借）現象。造字時形聲字聲旁有假借現象，會意字也有，見「婁」「毒」字注。

茜 茜 sù　　禮祭，束茅，加於祼圭，而灌鬯酒，是為茜。象神歆之也。一曰：茜，櫨上塞也。从酉，从艸。《春秋傳》曰：爾貢包茅不入，王祭不供，無以茜酒。〔所六切〕

【注釋】

今《左傳》作縮酒，過濾酒也。

段注：「《周禮·甸師》：祭祀共蕭茅。鄭大夫云：蕭或為茜，茜讀為縮，束茅立之祭前，沃酒其上，酒滲下去，若神飲之，故謂之縮。縮，濬也。故齊桓公責楚不貢，

苞茅不入，王祭不共，無以縮酒。許說本鄭大夫也。」

醨 醨 lí　　薄酒也。从酉，离聲。讀若離。〔呂支切〕

【注釋】

漓有薄義，如「醇漓」，本字當作醨，指味淡的酒。《說文》無漓字。

段注：「上文醥、醇、釃、酎皆謂厚酒，故謂厚薄為醇醨，今人作漓，乃俗字也。屈原《賦》曰：何不餔其糟而歠其醨。」

醶 醶 chǎn　　酢也。从酉，韱聲。〔初減切〕

酸 酸 suān　　酢也。从酉，夋聲。關東謂酢曰酸。〔素官切〕醙 籀文酸，从畯。

【注釋】

酢，今之醋字。酸本醋名，名詞，「酸醋」即醋。後作為醋的味道。引申悲痛、傷心義，今有「心酸」「悲酸」。

截 截 zài　　酢漿也。从酉，𢦏聲。〔徒奈切〕

【注釋】

醋也。

酸 酸 yàn（釅）　　酢漿也。从酉，僉聲。〔臣鉉等曰：今俗作釅，非是。〕〔魚窆切〕

【注釋】

今俗作釅。漿、截、酸三者同物，漿的本義是醋漿。釅泛指茶酒等飲料味道厚，如「釅醋」「釅茶」。嚴重謂之嚴，莊重謂之儼，同源詞也。

酢 酢 cù（醋）　　酸也。从酉，乍聲。〔倉故切〕〔臣鉉等曰：今俗作在各切。〕

【注釋】

今醋字也。見前「醋」字注。段注：「酢本截漿之名，引申之，凡味酸者皆謂之

酢。今俗皆用醋，以此為酬酢字。」

酏　🍶yí　　　黍酒也。从酉，也聲。一曰：甜也。賈侍中說：酏為鬻清。
〔移爾切〕

【注釋】

一種米酒，又指稀粥。

醬　🍶jiàng（醬）　　　鹽也。从肉，从酉，酒以和醬也。爿聲。〔即亮切〕
🍶古文，🍶籀文。

【注釋】

今俗作醬，簡化作醬，本義是肉醬。「鹽也」，乃「醢也」之訛。

醢　🍶hǎi　　　肉醬也。从酉、盍。〔臣鉉等曰：盍，甌器也，所以盛醢。〕
〔呼改切〕🍶籀文。

【注釋】

本義是肉醬。把人剁成肉醬的刑法叫醢刑。

醆　🍶mào　　　醆醹，榆醬也。从酉，敄聲。〔莫候切〕

【注釋】

段注：「榆醬用榆人為之，榆人者，榆子中人也。醆醹即榆醬也，或音茂逗，或音牟頭，或音模途，皆疊韻也。」

醹　🍶dòu　　　醆醹也。从酉，俞聲。〔田候切〕

醊　🍶lèi　　　餟祭也。从酉，孚聲。〔郎外切〕

【注釋】

把酒灑在地上表示祭奠或起誓，如「一樽還醊江月」。「醊地」謂祭奠時以酒灑地。

段注：「《食部》餟下曰：醊祭也。與此為轉注。《廣韻》曰：以酒沃地。《史記》：

其下四方地為餕食。蓋餕、酻皆於地，餕謂肉，故《漢書》作腏。酻謂酒，故從酉。」

醳 bì 搗榆醬也。从酉，畢聲。〔蒲計切〕

醨 jú 醬也。从酉，矞聲。〔居律切〕

醨 liáng 雜味也。从酉，京聲。〔力讓切〕

【注釋】

段注：「《周禮》：漿人六飲。鄭司農云：『涼，以水和酒也。』玄謂：『涼，今寒粥，若糗飯雜水也。』按許作醨，即《周官》《內則》之涼字也。雜味者，即以諸和水說也。乾者為桃諸、梅諸，水漬為桃濫。《內則》正義曰：諸者，眾雜之辭。」

「涼」字段注：「涼，以水和酒，故為薄酒，此用大鄭說也。」鄭眾認為涼是薄酒，鄭玄認為涼是雜飯。《竇娥冤》：「念竇娥伏侍婆婆這幾年，遇時節將碗涼漿奠。」醨當是涼之本字也。「涼漿」或訓為薄酒、冷酒亦可。

醮 jiàn 闕。〔慈冉切〕

醹 rǎn 闕。〔而琰切〕

文六十七 重八

酪 lào 乳漿也。从酉，各聲。〔盧各切〕

【注釋】

固體乳漿，今有「奶酪」。

醐 hú 醍醐，酪之精者也。从酉，胡聲。〔戶吳切〕

【注釋】

醍醐，西域借詞。因乳得酪，因酪得生酥，因生酥得熟酥，因熟酥得醍醐。醍醐是奶中的最上品，即奶油也，如「醍醐灌頂，甘露澆心」。用純酥油澆到頭上，佛教指灌輸智慧，使人徹悟。醍醐又指美酒，又指佛教最高的佛性和佛法。

酩 ㄇㄧㄥˇ mǐng　　酩酊，醉也。从酉，名聲。〔莫迥切〕

【注釋】

酩酊，指醉得迷迷糊糊。

酊 ㄉㄧㄥˇ dǐng　　酩酊也。从酉，丁聲。〔都挺切〕

醒 ㄒㄧㄥˇ xǐng　　醉解也。从酉，星聲。〔按：醒字注云：一曰：醉而覺也。則古醒亦音醒也。〕〔桑經切〕

【注釋】

本義是酒醒。見前「醒」字注。

醍 ㄊㄧˇ tǐ　　清酒也。从酉，是聲。〔它禮切〕

【注釋】

較清的淺紅色酒，如「粢醍在堂」。

文六　新附

酉部

酋 ㄑㄧㄡˊ qiú　　繹酒也。从酉，水半見於上。《禮》有大酋，掌酒官也。凡酋之屬皆从酋。〔字秋切〕

【注釋】

本義是久釀的酒。周代掌管酒的官叫「大酋」，泛指部落首領。又指頭目，如「匪酋」「敵酋」。

段注：「繹之言昔也。昔，久也，然則繹酒謂日久之酒，對畲為疾孰酒，醴酤為一宿酒言之。繹俗作醳。酋之義引申之，凡久皆曰酋，久則有終。《大雅》：似先公酋矣。傳曰：酋，終也。」

尊 ㄗㄨㄣ zūn（尊）　　酒器也。从酋，廾以奉之。《周禮》六尊：犧尊、象尊、著尊、壺尊、太尊、山尊，以待祭祀賓客之禮。〔祖昆切〕 尊，或从寸。〔臣鉉等曰：今俗以尊作尊卑之尊，別作罇，非是。〕

【注釋】

今通行重文尊。甲骨文作 ，像酒罈子之形。尊之本義即酒樽，後借為尊卑字，加木或缶作樽或罇。

段注：「凡酒必實於尊以待酌者。鄭注《禮》曰：置酒曰尊。凡酌酒者必資於尊，故引申以為尊卑字，猶貴賤本謂貨物而引申之也。自專用為尊卑字，而別製罇、樽為酒尊字矣。」

文二　重一

戌部

戌 xū　　滅也。九月，陽气微，萬物畢成，陽下入地也。五行，土生於戌，盛於戌。从戊含一。凡戌之屬皆从戌。〔辛聿切〕

【注釋】

甲文作 ，像廣刃兵器之形，與戈、戊、戚形制大同小異，與今之斧相近。

古用十二地支紀日，冬至後第三個戌日舉行臘祭，後固定到農曆十二月初八，即臘八，故把十二月叫臘月。見「臘」字注。

文一

亥部

亥 hài　　荄也。十月，微陽起，接盛陰。从二，二，古文上字。一人男，一人女也。从乙，象懷子咳咳之形。《春秋傳》曰：亥有二首六身。凡亥之屬皆从亥。〔胡改切〕 古文亥，為豕，與豕同。亥而生子，復从一起。

【注釋】

甲文作 、，吳其昌《金文名象疏證》：「亥之原始之初誼為豕之象形。」亥為動物豬之本用字，借作地支字後，另造豕字代之。

段注：「與豕同，謂二篆之古文實一字也。豕之古文見九篇《豕部》，與亥古文無二字。故《呂氏春秋》曰：子夏之晉，過衛，有讀史記者曰：晉師三豕涉河。子夏曰：非也，是己亥也。夫己與三相近，豕與亥相似。至於晉而問之，則曰晉師己亥渡河也。」見「己」字注。

文一　重一

卷十五上

　　（敘曰）[1]：古者庖犧氏之王天下也 [2]，仰則觀象於天，俯則觀法於地，視鳥獸之文與地之宜，近取諸身，遠取諸物，於是始作《易》八卦，以垂憲象 [3]。及神農氏，結繩為治，而統其事，庶業其繁，飾偽萌生。黃帝之史倉頡，見鳥獸蹄迒之跡 [4]，知分理之可相別異也 [5]，初造書契 [6]。「百工以乂 [7]，萬品以察 [8]，蓋取諸夬 [9]」。「夬，揚於王庭」。言文者宣教明化於王者朝廷，君子所以施祿及下，居德則忌也 [10]。

【注釋】

[1] 二字本在卷十五下開篇，據段注移至此。段注：「二字舊在下文『此十四篇』字上，今審定移至於此。」

[2] 庖犧，即伏羲也。

[3] 小徐本「垂」作「𠂹」。憲象，法象也。《爾雅》：「憲，法也。」

[4] 小徐本「倉頡」作「蒼頡」，下同，小徐多俗字。蹄迒，同義連文。迒，獸跡。

[5] 分理，紋理也。分，文也。

[6] 書契，文字也。

[7] 百工，百官也。乂，安也。

[8] 品，類也。

[9] 夬，決也。

[10] 則忌，當依桂馥《說文解字義證》作「明忌」，明白禁忌也。

　　倉頡之初作書，蓋依類象形，故謂之文 [1]。其後形聲相益，即謂之字 [2]。

文者，物象之本；字者，言孳乳而浸多也 [3]。著於竹帛謂之書 [4]。書者，如也 [5]。以迄五帝三王之世，改易殊體，封於泰山者七十有二代，靡有同焉。

【注釋】

[1] 文是獨體字。

[2] 字是合體字。

[3] 浸，漸漸也。小徐本無「言」，「浸」作「寖」。大、小徐本均無「文者，物象之本」六字，段注據《左傳·宣公十五年》正義補。

[4] 書，文字也。書之本義是書寫，引申之寫下的東西即文字，也叫書，如「六書」，即六種文字結構也。引申之書信也叫書。

[5] 如，聲訓也。段注：「謂如其事物之狀也。」

周禮，八歲入小學，保氏教國子 [1]，先以六書 [2]。一曰指事，指事者，視而可識，察而可見，上下是也。二曰象形，象形者，畫成其物，隨體詰詘 [3]，日月是也。三曰形聲，形聲者，以事為名 [4]，取譬相成 [5]，江河是也。四曰會意，會意者，比類合誼 [6]，以見指撝 [7]，武信是也。五曰轉注，轉注者，建類一首，同意相受，考老是也。六曰假借，假借者，本無其字，依聲託事 [8]，令長是也。

【注釋】

[1] 保氏，官員也。國子，公卿大夫的子弟。

[2] 書，字也。六書，六種文字結構也。

[3] 詰詘，彎曲也。

[4] 名，字也。指形旁也。

[5] 指聲旁也，聲旁與字同音，可相比也。

[6] 誼，古義字。

[7] 撝，同「揮」。指揮即所指。

[8] 按照聲音相同的原則，把這個事物託付給這個字，即用字來記錄詞語。

及宣王太史籀，著大篆十五篇，與古文或異 [1]。至孔子書六經，左丘明述《春秋傳》，皆以古文，厥意可得而說。其後諸侯力政，不統於王，惡禮樂之害己，而皆去其典籍。分為七國，田疇異畝 [2]，車途異軌 [3]，律令異法 [4]，衣冠異制，言語異聲，文字異形。

【注釋】

[1] 周宣王的太史，名籀。籀文之名實源於此。小徐本「或異」作「或同或異」，表述更明瞭。

[2] 田地畝的大小不一樣。

[3] 軌，車輪間距也。兩車輪間距離不同，說明車的大小不一樣，一條路能容幾輛車也就不一樣，或者說路的寬度也不一樣。秦始皇「車同軌」類似今之車輛、公路標準化。本許嘉璐先生說。

[4] 小徐本作「律灋異令」。

秦始皇帝初兼天下，丞相李斯乃奏同之 [1]，罷其不與秦文合者。斯作《倉頡篇》，中車府令趙高作《爰歷篇》，太史令胡母敬作《博學篇》[2]，皆取史籀大篆，或頗省改，所謂小篆者也。是時秦燒滅經書，滌除舊典，大發隸卒，興役戍。官獄職務繁，初有隸書，以趣約易 [3]，而古文由此絕矣。徐鍇曰：「王僧虔云：『秦獄吏程邈善大篆 [4]，得罪繫 [5] 雲陽獄，增減大篆，去其繁複。始皇善之，出為御史 [6]，名其書曰隸書。』班固云：『謂施之於徒隸也 [7]。即今之隸書，而無點畫俯仰之勢。』」

【注釋】

[1] 同之，統一文字。

[2] 《倉頡篇》《爰歷篇》《博學篇》即所謂「秦三倉」也，以每篇開頭兩字作篇名，以四字為句，二句一韻，類似後之《千字文》。漢代合三篇為一篇，總稱《倉頡篇》，以 60 字為一章，共 55 章，合 3300 字。該書今已亡佚，有敦煌出土之殘卷。胡母敬，小徐本「母」作「毋」。

[3] 趣，趨也。

[4] 程邈，相傳發明了隸書。

[5] 繫，捆綁也，此指坐監獄。

[6] 出，挺也，拔也。謂提拔也。

[7] 隸書得名於其發明者程邈是徒隸，徒隸即今之徭役也。

自爾秦書有八體：一曰大篆，二曰小篆，三曰刻符 [1]，四曰蟲書，徐鍇曰：「案《漢書》注：蟲書即鳥書，以書幡信，首象鳥形。即下云鳥蟲是也。」五曰摹印 [2]，蕭子良以刻符、摹印合為一體。徐鍇以為，符者，竹而中剖之。字形半分，理應別為一體。摹印屈曲填密，則秦璽文也，子良誤合之。六曰署書 [3]，蕭子良云：「署書，漢高六年蕭

何所定，以題蒼龍白虎二闕。」羊欣云：「何覃思累月，然後題之。」**七曰殳書** [4]，徐鍇曰：「書於殳也。殳體八觚，隨其勢而書之。」**八曰隸書。**

漢興有草書。徐鍇曰：「案書傳多云張芝作草 [5]，又云齊相杜探作。據《說文》，則張芝之前已有矣。蕭子良云：「槀書者，董仲舒欲言災異，槀草未上，即為槀書。槀者，草之初也。」《史記》：「上官奪屈原槀草。」今云漢興有草，知所言槀草是創草，非草書也。**尉律：**徐鍇曰：「尉律，《漢律》篇名。」**學童十七以上，始試，諷籀書九千字乃得為吏** [6]。**又以八體試之，郡移太史並課** [7]，**最者以為尚書史** [8]。**書或不正，輒舉劾之。今雖有尉律，不課。小學不修，莫達其說久矣。**

【注釋】

[1] 刻符是刻在符節上的文字，字體屬篆書。

[2] 用於印璽上的文字，字體屬篆書稍變。

[3] 題署用字，書信封緘、或門匾題書用字。

[4] 殳是一種兵器，積竹杖也，用竹木做成，有棱無刃。寫在上面的文字叫殳書。又泛指兵器上的題簽。上述大篆、小篆、隸書是三種字體，刻符、蟲書、摹印、署書、殳書是由用途而區別，實則皆篆書、隸書之變體。

[5] 張芝，草書之鼻祖。

[6] 諷，背誦也，今有「諷誦」。籀，演繹其義，即理解意思。書，書寫。非背誦「籀書」也，漢代小篆尚且不用，官吏背籀文何用？前人多誤解，段注已發之。《漢書·藝文志》：「能諷書九千字以上，乃得為史。」張家山漢簡《二年律令·史律》：「試史學童以十五篇，能風（諷）書五千字以上，乃得為史。」

[7] 課，考試也。背誦書寫九千字，以八體試之，是在縣裏或郡裏舉行，完畢後，郡裏把這些人移交到中央太史令一併考試。

[8] 最，上面的、靠前的，今有「殿最」。尚書史，即書記官，類似今之文秘，月俸二百石。

孝宣時 [1]，**召通《倉頡》讀者，張敞从受之。涼州刺史杜業、沛人爰禮、講學大夫秦近，亦能言之。孝平時，徵禮等百餘人，令說文字未央廷中，以禮為小學元士** [2]。**黃門侍郎揚雄採以作《訓纂篇》，凡《倉頡》以下十四篇，凡五千三百四十字** [3]，**群書所載，略存之矣。**

【注釋】

[1] 漢代以孝治天下，除兩朝開國的劉邦和劉秀，以及那些被廢的皇帝外，諡號前

都帶「孝」字。

[2] 元，首也，第一也。小學元士類今之語言文字學首席專家也。

[3] 段注：「謂自《倉頡》至於《訓纂》共十有四篇，篇之總數也。五千三百四十字，字之總數也。」

揚雄作《訓纂篇》，乃《倉頡篇》之續編，又剔除《倉頡篇》中重複之字，共 34 章，2040 字，該書今已亡佚。《訓纂篇》加上《倉頡篇》，凡 89 章，每章 60 字，共 5340 字。

東漢和帝時，賈魴作《滂喜篇》，因揚雄《訓纂篇》終於「滂喜」二字，故取為篇名，亦 34 章，2040 字。可見該書是續《訓纂篇》，也是識字課本，今已亡佚。

魏晉時，人們把《倉頡篇》作為上卷，《訓纂篇》為中卷，《滂喜篇》為下卷，總名曰「三倉」，這就是「漢三倉」。「漢三倉」三篇所收字是不重複的，共 7380 字，當時的通用字基本齊備，相當於今漢字通用字表的字數。「漢三倉」今全部亡佚。

及亡新居攝 [1]，使大司空甄豐等校文書之部 [2]，自以為應制作 [3]，頗改定古文。時有六書 [4]：一曰古文，孔子壁中書也；二曰奇字，即古文而異者也；三曰篆書，即小篆，秦始皇帝使下杜人程邈所作也；徐鍇曰：「李斯雖改《史篇》為秦篆，而程邈復同作也。」四曰佐書 [5]，即秦隸書；五曰繆篆 [6]，所以摹印也；六曰鳥蟲書，所以書幡信也。

【注釋】

[1] 居攝，攝政也。攝者，代理也。此指代漢自立。

[2] 書，字也。文書即文字也。部，類也。即校定文字的部類。

[3] 制，詔也，令也。

[4] 六書，六種文字。

[5] 其法便捷，可以佐助篆書，故名。

[6] 繆，纏繞也。繆篆，是用來刻印章的篆書。

壁中書者，魯恭王壞孔子屋，而得《禮記》《尚書》《春秋》《論語》《孝經》[1]。又北平侯張蒼獻《春秋左氏傳》。郡國亦往往於山川得鼎彝，其銘即前代之古文 [2]，皆自相似。雖叵復見遠流 [3]，其詳可得略說也。

【注釋】

[1] 魯恭王，漢武帝異母弟。在孔子老宅房子之夾壁中發現了這些古書，是用戰國古文寫成，不同於當時流行的隸書寫成的古籍。

[2] 彝，青銅器之總稱。銘，文字也。

[3] 叵，不可也，合音詞。今有「居心叵測」。小徐本「流」作「沬」。

　　而世人大共非訾[1]，以為好奇者也。故詭更正文[2]，鄉壁虛造不可知之書，變亂常行，以耀於世。諸生競說字解經誼[3]，稱秦之隸書為倉頡時書，云父子相傳，何得改易？乃猥曰[4]：「馬頭人為長」，「人持十為斗」，「虫者，屈中也」。[5] 廷尉說律，至以字斷法，「苛人受錢」，「苛」之字，「止句」也[6]。若此者甚眾，皆不合孔氏古文，謬於史籀。俗儒鄙夫，玩其所習[7]，蔽所希聞，不見通學，未嘗睹字例之條。怪舊藝而善野言，以其所知為秘妙，究洞聖人之微恉。又見《倉頡》篇中「幼子承詔」，因號：「古帝之所作也，其辭有神仙之術焉。」其迷誤不諭[8]，豈不悖哉[9]！

【注釋】

[1] 訾，排斥非議也。

[2] 詭，違也。

[3] 誼，義之古字。小徐本「誼」作「誼」，當屬下句。

[4] 猥，枉曲也，又亂紛紛也。小徐本注：「猥，一本作狠。」

[5] 漢隸長字作**長**，上部像馬頭，下部像人字。斗字漢隸作**升**，像人拿十字。虫隸書作**乜**，像中彎曲。

[6] 苛，責也，通「訶」。漢代律令中有「苛人受錢」一條，原義是恐嚇人犯，索取賄賂。「苛」隸書之俗字作上止下句，若將「苛」字拆解為上止下句，則意為：不再審理，而鉤取被審者的錢。

[7] 玩，習慣而不重視，今有「玩忽職守」，玩忽，同義連文。小徐本「習」作「集」。

[8] 喻之異體，明白也。

[9] 悖，糊塗也。

　　《書》曰：「予欲觀古人之象。」言必遵修舊文而不穿鑿。孔子曰：「吾猶及史之闕文，今亡也夫！」蓋非其不知而不問[1]，人用己私，是非無正，

巧說邪辭，使天下學者疑。蓋文字者，經藝之本 [2]，王政之始，前人所以垂後，後人所以識古。故曰：「本立而道生」，「知天下之至嘖而不可亂也」[3]。

【注釋】

[1] 非，批評。非之內容直至「使天下學者疑」。疑，迷惑。

[2] 小徐本「藝」作「埶」。

[3] 嘖，通「賾」，深奧也。今有「探賾索隱」。小徐本「嘖」作「賾」。

　　今敘篆文，合以古籀，博採通人，至於小大 [1]，信而有證。稽譔其說 [2]，將以理群類，解謬誤，曉學者，達神恉。徐鍇曰：「恉即意旨字。旨者，美也。多通用。」分別部居，不相雜廁 [3]。徐鍇曰：「分部相從，自許始也。」萬物咸睹，靡不兼載。厥誼不昭 [4]，爰明以諭 [5]。其稱《易》[6]，孟氏；《書》，孔氏；《詩》，毛氏；《禮》；《周官》；《春秋》，左氏；《論語》；《孝經》，皆古文也。其於所不知，蓋闕如也 [7]。

【注釋】

[1] 小大謂大大小小的知識。

[2] 稽，考察也。今有「無稽之談」。小徐本「譔」作「撰」。

[3] 雜廁，同義連文，廁，雜入也。《報任安書》：「僕常廁下大夫之列。」

[4] 誼，義之古字。昭，明也。

[5] 爰，發語詞。諭，同「喻」，告也，明白也。

[6] 稱，舉也。猶今引用。

[7] 闕如，缺少的樣子。如，形容詞詞尾。

　　（按：《說文》此處原為 540 部首，今略，各部首可參看本書前目錄所列《說文解字》540 部首。隋唐時，一本書的書錄才寫到前面，以前都在書後。《史記·太史公自序》《漢書·敘傳》內有《史記》《漢書》篇目，皆在卷末。）

卷十五下

　　敘曰 [1]：此十四篇，五百四十部，九千三百五十三文，重文一千一百六十三文，解說凡十三萬三千四百四十一字。其建首也 [2]，立一為端 [3]。方以類聚 [4]，物以群分。同牽條屬，共理相貫。雜而不越，據形系聯 [5]。引而申之，以究萬原。畢終於亥 [6]，知化窮冥。

【注釋】

　　[1] 小徐本作「後敘曰」。古人書序在後，是對寫書經過的交代。《史記·太史公自序》《漢書·序傳》皆在書後。

　　[2] 建者，立也。建首者，立部首也。

　　[3] 用《一部》作為部首的開端。

　　[4] 方，物也，事也。

　　[5] 同牽條屬，小徐本作「同條牽屬」，當是。小徐本「系聯」作「聯系」。

　　[6] 部首終於《亥部》，即所謂始一終亥。

　　於時大漢，聖德熙明 [1]。承天稽唐 [2]，敷崇殷中 [3]。遐邇被澤，渥衍沛滂 [4]。廣業甄微 [5]，學士知方。探賾索隱 [6]，厥誼可傳。

【注釋】

　　[1] 熙，明也。

　　[2] 稽，察也。唐，唐堯也。謂考察唐堯的舊事。

　　[3] 敷，散也。崇，高也。謂布施崇高的德行。殷，中也。古代用星宿來定季節，如「日中星鳥，以殷仲春」。殷中謂確定季節時令。

[4] 渥，厚也。衍，散也。沛滂，同義連文，形容廣布浩大也。

[5] 甄，鑒別也。今有「甄別」。謂擴大功業，鑒別提拔隱微之士。

[6] 小徐本「索」作「索」，小徐多俗字。

粵在永元，困頓之年 [1]。徐鍇曰：「漢和帝永元十二年，歲在庚子也。」孟陬之月，朔日甲申 [2]。曾曾小子，祖自炎神 [3]。縉雲相黃，共承高辛 [4]。太嶽佐夏，呂叔作藩 [5]。俾侯於許，世祚遺靈 [6]。自彼徂召，宅此汝瀕 [7]。

【注釋】

[1] 粵，發語詞。困頓，太歲紀年法之用語，對應六十甲子之子。這是許慎交代開始寫書的年份。

[2] 陬是正月，又叫孟陬。《離騷》：「攝提貞於孟陬兮。」甲申，干支紀日法，一個月內一般的日子只言干支，於晦朔二日既言干支又言晦朔。這是交代開始寫書的日子，是正月初一。小徐本「甲申」作「甲子」。

[3] 曾，重也。今有曾孫、曾祖。曾曾猶重重也，謂後代子孫。小子，自稱之謙辭。炎帝，神農氏也，姜姓之始祖。許氏乃炎帝後代，姜姓分支。

[4] 炎帝的後裔縉雲氏輔佐黃帝，炎帝的後裔共工氏輔佐高辛氏。高辛氏即堯之父帝嚳。

[5] 太嶽，炎帝之後，即《左傳》之四嶽，四嶽謂一人，非四人也。謂炎帝的後代太嶽輔佐了夏禹。太嶽的後代呂叔作周武王的藩屏。

[6] 俾，使也。周武王讓呂叔作了許國的諸侯。許國即今河南許昌，乃許慎之故鄉。世祚，猶世祿也。祚，福也。靈，福也。猶謂託祖宗之福。

[7] 徂，往也。召，召陵。謂自許國遷到召陵。汝，汝水也。瀕，濱也。謂在汝水邊上住了下來。

竊卬景行 [1]，敢涉聖門。其弘如何，節彼南山 [2]。欲罷不能，既竭愚才。惜道之味 [3]，聞疑載疑。演贊其志 [4]，次列微辭。知此者稀，儻昭所尤 [5]。庶有達者，理而董之 [6]。

【注釋】

[1] 小徐本「竊」作「切」。卬，仰之初文。景，大也。行，道也。語本《詩經》「高山仰止，景行行止」，謂自己懷著崇敬之心。

[2] 《詩經》有《節南山》篇，節，高峻也。

〔3〕惜者，愛也。謂自己喜歡文字之道的無窮意味。

〔4〕演，推演演繹也。贊，告也，說明也。

〔5〕尚，或也。昭，明也。尤，過錯也。謂自己的著作或許會顯露出一些錯誤。

〔6〕董，理也，正也。

〔附〕許慎之子許衝上書進獻《說文解字》經過。

召陵萬歲里公乘、草莽臣衝〔1〕，稽首再拜，上書皇帝陛下：

臣伏見陛下神明盛德，承遵聖業。上考度於天〔2〕，下流化於民。先天而天不違，後天而奉天時。萬國咸寧，神人以和。猶復深惟五經之妙〔3〕，皆為漢制。博採幽遠，窮理盡性，以至於命。先帝詔侍中騎都尉賈逵，修理舊文，殊藝異術，王教一端，苟有可以加於國者〔4〕，靡不悉集。《易》曰：「窮神知化，德之盛也。」《書》曰：「人之有能有為，使羞其行〔5〕，而國其昌。」

【注釋】

〔1〕萬歲里，里名。公乘：漢爵名。

〔2〕小徐本「神明」上有「以」。度，法也。

〔3〕猶復，同義連文，還也。惟，思也，今有「思惟」「伏惟」。

〔4〕加，利也。

〔5〕羞，進獻也。《爾雅》：「羞，進也。」

臣父，故太尉南閣祭酒慎〔1〕，本从逵受古學。蓋聖人不空作，皆有依據。今五經之道，昭炳光明。而文字者，其本所由生。自《周禮》《漢律》，皆當學六書，貫通其意。恐巧說邪辭，使學者疑。慎博問通人，考之於逵，作《說文解字》。六藝群書之詁，皆訓其意。而天地鬼神，山川草木，鳥獸昆蟲，雜物奇怪，王制禮儀，世間人事，莫不畢載。凡十五卷，十三萬三千四百四十一字〔2〕。

【注釋】

〔1〕祭酒，官名。後為教育機構最高長官，相當於大學校長，如「國子監祭酒」。自己的父親不能直呼其名，但給國君之書信奏章，提到自己父親時要稱名。

〔2〕小徐本「十三萬」作「十二萬」。今《說文》作十三萬。

慎前以詔書校東觀 [1]，教小黃門孟生、李喜等，以文字未定，未奉上。今慎已病，遣臣齎詣闕 [2]。慎又學《孝經》孔氏古文說。古文《孝經》者，孝昭帝時魯國三老所獻，建武時給事中議郎衛宏所校，皆口傳，官無其說，謹撰具一篇並上。

臣沖誠惶誠恐，頓首頓首，死罪死罪。臣稽首再拜，以聞皇帝陛下。建光元年九月己亥朔 [3]，二十日戊午上。徐鍇曰：「建光元年，漢安帝之十五年，歲在辛酉。」

召上書者汝南許沖，詣左掖門會，令並齎所上書。十月十九日中黃門饒喜，以詔書賜召陵公乘許沖布四十匹，即日受詔朱雀掖門。敕勿謝。

【注釋】

　[1] 在洛陽南宮，班固曾在此修《漢記》，該書後叫《東觀漢記》，後來東觀成為藏
　　　書之所。小徐本「校」下有「書」。

　[2] 齎，帶也。詣，到也。闕，宮殿也。猶帶著書到了皇宮。

　[3] 小徐本「己亥」作「巳亥」，誤。

　　〔附〕宋徐鉉重修《說文》序及上書經過。

　　銀青光祿大夫、守右散騎常侍、上柱國、東海縣開國子、食邑五百戶臣徐鉉 [1]，奉直郎、守秘書省著作郎、直史館臣句中正，翰林書學臣葛湍，臣王惟恭等，奉詔校定許慎《說文》十四篇，並《序目》一篇，凡萬六百餘字，聖人之旨，蓋云備矣 [2]。

【注釋】

　[1] 銀青光祿大夫、守右散騎常侍，這是散官的官階。上柱國，這是勳。東海縣開
　　　國子，這是爵。食邑五百戶，虛的，並非真正五百戶。以上這些表述都是虛職。

　[2] 云，句中虛詞。

　　稽夫八卦既畫 [1]，萬象既分，則文字為之大輅 [2]，載籍為之六轡。先王教化，所以行於百代。及物之功 [3]，與造化均 [4]，不可忽也。雖復五帝之後 [5]，改易殊體，六國之世，文字異形，然猶存篆籀之跡，不失形類之本。

　　及暴秦苛政，散隸聿興 [6]，便於末俗，人競師法，古文既絕，訛偽日滋。至漢宣帝時，始命諸儒修倉頡之法，亦不能復故。光武時，馬援上疏論

文字之訛謬，其言詳矣。及和帝時，申命賈逵修理舊文 [7]，於是許慎採史籀、李斯、楊雄之書，博訪通人，考之於逵，作《說文解字》。至安帝十五年，始奏上之。

　　而隸書行之已久，習之益工 [8]，加以行草八分 [9]，紛然間出，反以篆籀為奇怪之跡，不復經心 [10]。至於六籍舊文，相承傳寫，多求便俗，漸失本原。《爾雅》所載草木魚鳥之名，肆意增益，不可觀矣。諸儒傳釋，亦非精究小學之徒，莫能矯正。

【注釋】

　　[1] 稽，考也。
　　[2] 輅，車也。
　　[3] 及，趕得上。物，眾人也，今有「物議」。
　　[4] 造化，自然也。
　　[5] 雖復，雖然也。
　　[6] 聿，句中虛詞，湊足音節。
　　[7] 申，令也。今有「三令五申」。
　　[8] 工，精細也。今有「工筆劃」。
　　[9] 八分，隸書之別名，形似隸書，體多波折。
　　[10] 經，謀也。經心，用心也。

　　唐大曆中，李陽冰篆跡殊絕，獨冠古今，自云：「斯翁之後，直至小生。」此言為不妄矣 [1]。於是刊定《說文》，修正筆法。學者師慕，篆籀中興。然頗排斥許氏，自為臆說。夫以師心之見，破先儒之祖述 [2]，豈聖人之意乎？今之為字學者，亦多从陽冰之新義，所謂貴耳賤目也。

　　自唐末喪亂，經籍道息，皇宋膺運 [3]，二聖繼明。人文國典，燦然光被。興崇學校 [4]，登進群才 [5]。以為文字者，六藝之本，固當率由古法。乃詔取許慎《說文解字》，精加詳校，垂憲百代 [6]。

【注釋】

　　[1] 妄，荒謬也。
　　[2] 祖述，向來之傳承。今有「述而不作」。
　　[3] 膺，承受也。
　　[4] 崇，高也，謂推崇教育也。

[5] 登進，同義連文，引進也。

[6] 憲，法也。

　　臣等愚陋，敢竭所聞。蓋篆書湮替 [1]，為日已久，凡傳寫《說文》者，皆非其人，故錯亂遺脫，不可盡究。今以集書正副本及群臣家藏者，備加詳考。有許慎注義序例中所載，而諸部不見者，審知漏落，悉從補錄。復有經典相承傳寫，及時俗要用而《說文》不載者 [2]，承詔皆附益之，以廣篆籀之路。亦皆形聲相從，不違六書之義者。其間《說文》具有正體而時俗訛變者，則具於注中。其有義理乖舛 [3]，違戾六書者 [4]，並序列於後。俾夫學者 [5]，無或致疑。大抵此書務援古以證今，不徇今而違古。若乃高文大冊，則宜以篆籀著之金石。至於常行簡牘，則草隸足矣。

　　又許慎注解，詞簡義奧，不可周知 [6]。陽冰之後，諸儒箋述，有可取者，亦從附益。猶有未盡，則臣等粗為訓釋，以成一家之書。《說文》之時，未有反切，後人附益，互有異同。孫愐《唐韻》，行之已久，今並以孫愐音切為定 [7]，庶夫學者有所適從。食時而成，既異淮南之敏 [8]；縣金於市，曾非呂氏之精 [9]。塵瀆聖明，若臨冰谷。謹上。

【注釋】

[1] 替，衰敗也，今有「陵替」。

[2] 要用，常用也。古書有《要用字苑》。

[3] 乖舛，違背也。

[4] 戾，曲也。違戾，違背也。

[5] 俾，使也。

[6] 周，盡也，全也。

[7] 《說文》原書並無反切，今書上之反切，乃徐鉉據唐孫愐《唐韻》所加。

[8] 淮南王劉安作《淮南子》。《漢書》：「初，安入朝，獻所作《內篇》，新出，上愛秘之。使為《離騷傳》，旦受詔，日食時上。」

[9] 縣，懸之初文。曾，副詞，加強語氣，常與否定詞連用。此用《呂氏春秋》「一字千金」之典。《呂氏春秋》成，懸咸陽城門上，有能改一字者，賞千金。

新修字義：
左文一十九，《說文》闕載，注義及序例偏旁有之，今並錄於諸部。

詔　忘　件　借　魖　恭　剔　鬵　醝　趄　顲　璵　膺　樧　緻　笑
迂　睆　峯

【注釋】

以上十九字，《說文》未列為字頭，但在行文表述中用了該字。這些字多半是後起俗字，故許慎不作為字頭處理，但許慎行文不避俗字，故又用之。徐鉉校定時，認為是許慎漏掉了，故把這些字都作為字頭補充進去（非新附字部分）。段玉裁注《說文》，這些字多不出注，或注明當刪，認為非許氏原意。

左文二十八，俗書訛謬，不合六書之體。

壟　字書所無，不知所從，無以下筆。《易》云：「定天下之壟壟。」當作娓。

個　亦不見義，無以下筆，明堂左右個者，明堂旁室也。當作介。

暮　本作莫。日在茻中也。

熟　本作孰。享芽，以手進之。

捧　本作奉。從廾，從手，丰聲。經典皆如此。

遨　本作敖。從出，從放。

徘徊　本作裵回。寬衣也，取其裵回之狀。

迴　本作回。象回轉之形。

腰　本只作要。《說文》象形，借為玄要之要，後人加肉。

嗚　本只作烏。烏，旴呼也。以其名自呼，故曰烏呼，後人加口。

慾　《說文》欲字注云：「貪欲也。」此後人加心。

揀　本只作柬。《說文》從束、八。八，柬之也。後人加手。

俸　本只作奉。古為之奉祿，後人加人。

自暮已下一十二字，後人妄加偏傍，失六書之義。

鞦韆　案詞人高無際作《鞦韆賦序》云：「漢武帝後庭之戲也。」本云千秋，祝壽之詞也，語訛轉為秋韆。後人不本其意，乃造此字。非皮革所為，非車馬之用，不合從革。

影　案影者，光景之類也，合通用景。非毛髮藻飾之事，不當從彡。

斌　本作彬或份，文質備也。從文配武，過為鄙淺。復有從斌從貝者，音頰，亦於義無取。

悅　經典只作說。

藝　本只作埶，後人加艸、云，義無所取。

著　本作箸，《說文》陟慮切，注云：「飯敧也。」借為住箸之箸，後人从艸。

墅　經典只用野，野亦音常句切。

蓑　衰字本作蘇禾切。从衣，象形。借為衰朽之衰。

賾　《周易疏義》云：「深也。」案此亦假借之字，當通用嘖。

黌　學堂也。从學省，黃聲。《說文》無《學部》。

黈　充耳也。从纊省，主聲。《說文》無《纊部》。

矗　直貌。經史所無。《說文》無《直部》。

此三字皆無部類可附。

麢　《說文》嘆字注云：「麤鹿群口相聚也。」《詩》：「麀鹿麌麌。」當用嘆字。

池　池沼之池，當用沱。沱，江之別流也。

【注釋】

以上二十八字，不見於《說文》原文，也未見新附字，皆後起之俗字也。徐鉉只在此交代一下。

篆文筆跡相承小異：

𠄏（乃）𠘧（凡）　𠄏本作㇈。𠘧本从二，从古文及，左旁不當引筆下垂。蓋前作筆勢如此，後代因而不改。

㠯（以）　《說文》不从人，直作㠯。

親（親）　左旁亲从辛，从木。《說文》不省。此二字李斯刻石文如此，後人因之。

言（言）　从辛，从口。中畫不當上曲。亦李斯刻石如此，上曲則字形茂美，人皆傚之。

彳（彳）　《說文》作彳，象二屬之形。李斯筆跡小變，不言為異。

欠（欠）　《說文》作欠，亦李斯小變其勢。李陽冰乃云：「从開口形。」亦為臆說。

屮（屮）　《說文》从屮而垂下，於相出入也，从入。此字从屮下垂，當

只作 🔣，蓋相承多一畫。

🔣（肉）　如六切。《說文》本作肉，後人相承作 🔣，與月字相類。

🔣（魚）　《說文》作 🔣，止史籀筆跡小異，非別體。

🔣（無）　此本蕃廡之廡，李斯借為有無之無，後人尚其簡便故皆从之。有無字本从亡，李陽冰乃云：不當加亡。且蕃廡字从大，从卌，數之積也。从林，亦蕃多之義。若不加亡，何以得為有無之無。

🔣（函）　或作 🔣，亦止於筆跡小異。

🔣（長）　《說文》作 🔣，李斯筆跡小異。

【注釋】

括號內之楷書乃編者所加。

　　銀青光祿大夫、守右散騎常侍、上柱國、東海縣開國子、食邑五百戶臣徐鉉，伏奉聖旨校訂許慎《說文解字》一部。伏以振發人文 [1]，興崇古道，考遺編於魯壁，緝蠹簡於羽陵 [2]。載穆皇風 [3]，允符昌運 [4]。伏惟應運統天 [5]，睿文英武，大聖至明廣孝皇帝陛下，凝神繫表 [6]，降鑒機先 [7]。聖靡不通，思無不及。以為經籍既正，憲章具明 [8]，非文字無以見聖人之心，非篆籀無以究文字之義。

【注釋】

[1] 伏，趴著。上書言奏常用，後作為該文體之發語詞。今有「伏惟」，字面義是趴著想。

[2]《穆天子傳》卷五：「仲秋甲戌，天子東遊，次於雀梁，蠹書於羽陵。」郭璞注：「謂暴書中蠹蟲，因云蠹書也。」後以「羽陵」為貯藏古代秘籍之處。

[3] 載，詞頭，今有「載歌載舞」。穆，和暢也。

[4] 允，信也，確實也。符，合也。運，國運、國統也。

[5] 應，承也，當也。

[6] 神，思也。表，外也，遠也。猶謂皇帝深謀遠慮也。

[7] 鑒，察看也。機，徵兆、苗頭也。今有「見機而作」。

[8] 憲章，同義連文，法度也。

　　眷茲訛俗 [1]，深惻皇慈 [2]。爰命討論 [3]，以垂程序 [4]。將懲惡弊，

宜屬通儒 [5]。臣等寔媿謏聞 [6]，猥承乏使 [7]。徒窮懵學 [8]，豈副宸謨 [9]。塵瀆冕旒 [10]，冰炭交集。其書十五卷，以編帙繁重，每卷各分上下，共三十卷。謹詣東上閣門進上，謹進。

雍熙三年十一月　日，翰林書學臣王惟恭、臣葛湍等狀進，奉直郎、守秘書省著作郎、直史館臣句中正，銀青光祿大夫、守右散騎常侍、上柱國、東海縣開國子、食邑五百戶臣徐鉉。

【注釋】

[1] 眷，顧也，考慮到。

[2] 惻，不安，痛苦也，今有「惻隱之心」。謂考慮到這些文字訛誤，皇帝心裏很不安。

[3] 爰，發語詞，可以翻譯為於是。

[4] 程序，同義連文，法度也。

[5] 屬，通「囑」，託付也。

[6] 寔，通「實」，確實也。媿，「愧」之異體。謏，音 xiǎo，小也。謏聞謂孤陋寡聞也。

[7] 猥，謙辭，卑微也。承，受也。乏，缺也。使，任務也。謂在沒人幹的情況下，我承擔了這個任務。語本《左傳》：「敢告不敏，攝官承乏。」

[8] 徒，空也。懵學，學問不精也。

[9] 副，符也。宸，代指帝王。謨，謀也。謂哪裏能夠符合皇上的要求呢？

[10] 冕旒，帝王之服飾，代指帝王。

中書門下牒徐鉉等新校定《說文解字》[1]。

牒奉敕：許慎《說文》，起於東漢，歷代傳寫，訛謬實多，六書之蹤，無所取法。若不重加刊正，漸恐失其原流。爰命儒學之臣，共詳篆籀之跡。右散騎常侍徐鉉等，深明舊史，多識前言，果能商榷是非，補正闕漏。書成上奏，克副朕心 [2]。宜遣雕鐫 [3]，用廣流佈 [4]。自我朝之垂範，俾永世以作程 [5]。其書宜付史館，仍令國子監雕為印版，依九經書例，許人納紙墨價錢收贖。兼委徐鉉等點檢書寫雕造 [6]，無令差錯，致誤後人。牒至準敕 [7]，故牒。

雍熙三年十一月　日牒，給事中參知政事辛仲甫、給事中參知政事呂蒙正、中書侍郎兼工部尚書平章事李昉。

【注釋】

[1] 中書門下，宋代中央行政機構，相當於今國務院。牒，文書也。

[2] 克，能夠。

[3] 遣，使也。鐫，刻也。謂刻版印刷也。

[4] 用，以也。

[5] 俾，使也。程，法則。

[6] 委，委派。點檢，查驗、查看也。

[7] 准敕，按照敕牒執行。

　　牒是唐宋時官方文書的一種。《慶元條法事類·文書式》列出文書種類有：表、奏狀、狀、牒、關、符、帖、曉事、都簿等九種。唐代奏狀由宰相審議後，皇帝用稱為「敕旨」的命令文書批覆，批准的一般格式是「敕旨：宜依」，即依照這個意見執行。中書、門下省審核過敕命後，尚書省出牒布於外，稱「牒奉敕」，辭末用「故牒」。

　　尚書省簽署後下發到府、州的用語是「牒至准敕者：府宜准敕，符到奉行」，或「牒奉者：今以狀下，州宜准狀，符到奉行」。州、府下於縣的符轉發用語是「牒至准敕者：縣宜准敕，符到奉行」。

漢語拼音檢字表

說明：

一、收字範圍：收錄大徐本《說文解字》所有字頭，包括生僻字和常用字。

二、排列方式：以《漢語拼音方案》的《字母表》為序排列音節，同一讀音下以頁碼先後順序排列。

三、字頭以繁體字為主，後附括號。括號內者或簡化字（類推簡化字一概不收）、或重文、或通行字、或本字、或後起字、或隸變字形等。本表務求提供較多的字際信息，以方便檢索，不拘定勢。

A

āi

唉 146
哀 159
欸 1049
挨 1566
埃 1806

ái

皚 223
敳 356
殙 452
皚 920

ǎi

噫 139
藹 264
矮 604
靄 1461
毐 1630
綷 1719

ài

艾 71
藹 100
誕 277
薆 537
餲 591
薆（愛、爱）617

瘀 889
僾 938
礙（碍）1150
恧 1301
懝 1311
壒 1813
轡（隘）1945

ān

諳 293
馣 299
鞌（鞍）319
雓 408
盦 569

bái

白 919

bǎi

百 393
柏 651
佰 948
捭 1567

bài

退 199
敗 360
稗 816
粺 834
猈 1206
捧（拜） 1523

bān

班 45
粪 303
攽 355
華 439
瘢 886
般 1028
頒 1063
辬（斑） 1082
螌 1748

bǎn

昄 778
版 805
瓪 1660
阪（坂） 1926

bàn

半 124
瓣 848
伴 935
袢 1004
扶 1282
姅 1627
絆 1717
辦（办） 1838
料 1892

bāng

邦 744

bǎng

膀 464

bàng

玤 37
徬 212
謗 278
棓（棒） 687
榜 689
傍 952
髣 1089
搒 1571
蚌 1757

bāo

苞 70
郇 757
褒（褒） 998
勹 1098
包 1101
胞 1102

báo

雹 1455

bǎo

葆 113
鴇 429
飽 589
宲 855
寶（宝） 856
保 923
呆 979
緥（褓） 1707

bào

虣 565
暴 779
袌（抱） 996
勽 1100
豹 1164
爆 1235
報 1274
暴（暴） 1277
瀑 1403
鮑 1478

bēi

卑 337
髀 455
桮（杯） 680
顐 1078
碑 1146
悲 1323
鑼 1861
陂 1926

běi

北 983

蘖 326
髆（膊） 455
箔 485
簿 536
盋（鉢、缽） 570
亳 605
郣（渤） 762
鑮 831
庰 847
帛 918
伯 928
檘 974
襮 991
艒 1096
縠 1158
駁 1175
駮 1192
狛 1212
怕 1305
搏 1527
曓 1706
勃 1836
鑮 1867
鎛 1867

bǒ

跛 237
簸 539
尥（跛） 1270

bò

欂 225
譒 271

欂 643
欒 835
擘 1560

bū

逋 200
誧 270
餔 586

bú

纀 1707
轐 1903

bǔ

哺 139
卜 365
補（补） 1006
捕 1570

bù

荹 104
步 181
蹝 230
腤 478
篰 516
錇 598
部 750
布 915
怖（怖） 1331
不 1488
瓿 1659

C

cāi

趇 171

偲 936
猜 1211

cái

対 615
材 662
才 710
財 730
裁 989

cǎi

采 697
寀 865
彩 1081
倸 1310

cài

蔡 94
菜 95

cān

餐 586
傪 935
驂 1181

cán

奴 447
殘 451
殂 453
慚 1332
掔 1544
戔（戋） 1642
蠶（蚕） 1765

cǎn

嘇 158
朁 546

蕢　1740
chān
扵　48
延　216
脡　478
梴　659
痹　886
襜　996
攙　1575
姑　1605
婏　1605
鉆　1862
chán
嚵　138
躔　231
讒　289
劖　494
鄽　759
儳　965
廛　1129
磛　1148
毚　1201
戔　1231
澶　1358
潺　1435
嬋　1629
纏（缠）　1685
蟬　1750
鑱　1863
鋋　1871
孱　1968
chǎn
蕆　117
犍　128
讇（諂）　275
產（产）　716
幝　912
獑　1208
燀　1233
滻　1345
闡　1501
綫　1682
繟　1703
蚩　1754
鏟　1854
醆　1986
chàn
羼　416
覘　1039
顫　1071
磩　1150
chāng
募　68
昌　778
倀　960
倡　964
閶　1495
cháng
萇　61
腸　463
嘗（尝）　553
常（裳）　907
償（偿）　951
長（长）　1155
鱨　1470
場　1809
chǎng
敞　356
昶　783
鷩　1017
chàng
瑒　30
蘠　89
唱　144
鬯　580
韔　622
悵　1321
暘（畅）　1825
chāo
超　168
訬（吵）　285
怊　1335
弨　1662
鈔（抄）　1878
cháo
嘲　164
樔　697
巢　719
鄛　755
翰（朝）　785
淖（潮）　1368
鼂（晁）　1779
勦（剿）　1835

黜 1254
怵 1330
絀 1696
埱 1800
畜 1825
罶 1952

chuā

欻 1252

chuǎi

揣 1540

chuān

穿 868
川 1442

chuán

遄 190
篅 525
檛 635
椽 667
船 1027

chuǎn

喘 140
舛（踳） 619
歂（喘） 1047

chuàn

篡 365
鶨 424
釧 1882

chuāng

刅（創） 498
窻（窗） 869
牎 1040

囱（窗） 1257

chuáng

橦 675
牀（床） 676
幢 916

chuǎng

闖 1510
瓾 1659

chuàng

刱（創） 579
愴 1322

chuī

吹 141
龡 242
炊 1233

chuí

箠 530
甀 598
椎 687
乖 717
頧 1062
鬌 1088
捶 1567
垂 1811
錘 1865
陲 1943

chūn

萅（春） 115
杶（椿） 637
櫄 638
輴 1902

chún

蓴（蒓） 102
唇 155
雜（鶉） 407
脣（唇） 460
辜 609
奄 1264
惷 1325
滣 1390
淳 1426
純 1674
陙 1944
醇 1978

chǔn

朐 484
偆 954
惷 1317
蠢 1769

chuō

趠 173

chuò

啜 137
辵 184
逭 190
逴 204
踔 231
腏 481
歠 1054
龟 1201
惙 1326
婖 1610

窜（窜） 872

篡 1107

cuī

榱 667

催 968

崔 1119

恣 1336

摧 1524

縗 1724

cuǐ

璀 44

趡 176

恣 1336

漼 1383

漎 1414

cuì

毳 14

蕞 72

萃 91

啐 155

翠 396

脆（脆） 481

膬（脆） 481

粹 838

顇 862

竁 874

倅 975

毳 1017

頼 1072

焠 1238

縗 1302

悴 1327

淬 1425

縩 1735

cūn

墫 47

皴 351

邨（村） 764

cún

存 1966

cǔn

刌 488

忖 1335

cùn

寸 348

cuō

瑳 33

蹉 240

撮 1537

cuó

龘 221

睉（脞） 386

虘 561

糳 614

鄌 759

痤 882

瘥 890

嵯 1117

厝 1140

鹺 1491

眭 1819

cuǒ

鬖 1084

cuò

莝 104

遳 190

剉 493

夎 619

挫 1525

措 1534

銼 1850

錯 1855

D

dá

荅（答） 52

達（达） 198

靼 314

奎 413

笪 532

炟 1226

羄 1250

怛 1322

龘 1483

妲 1629

dǎ

打 1576

dà

眔 377

大 1262

亣（大） 1279

経 1724
蝶（蝶） 1747
墆（墂） 1797
垤 1807

dīng
玎 36
靪 316
朾 1938
丁 1956

dǐng
鼎 807
頂 1059
酊 1989

dìng
訂 261
定 853
釘（錠） 1846
鋌 1847
錠 1854

dōng
苳 111
東（东） 707
涷 1338
冬 1451

dǒng
董 73

dòng
迵 199
胴 375
筒 534
棟 664

駧 1187
洞 1379
湩 1429
凍 1450
挏 1539
歔 1603
崠 1763
動（动） 1833

dōu
呿 153
篼 528
兜 1034
覷 1043

dǒu
科 681
斗 1889

dòu
逗 196
斡 319
鬥（斗） 329
鬪（斗） 329
脰 461
豆 558
梪 558
鋀 601
郖 750
竇 869
鋀 1852
斠 1892
飿 1987

dū
督 381
都 744
闍 1499

dú
毒 50
薄 59
犢 126
遺 188
讀 257
讟 298
黷 320
毀 345
殰 448
髑 455
櫝 676
牘 806
禱 995
裻 1000
碩（髑） 1058
獨 1213
驥 1253
瀆 1394
嬻 1614
匵（櫝） 1652
隤 1933

dǔ
睹（覩） 377
管 609
賭 742
晵（曙） 770

E

ē

娿 1593
婀 1596
㛄 1620
阿 1925

é

莪 77
吪 158
哦 163
誐 269
譌（訛） 285
鵝 427
囮 728
俄 965
額（額） 1060
峨 1117
硪 1149
涐 1339
娥 1595
蛾 1743
蝨（蛾） 1765
䖸 1880

ě

厄 1094
騀 1182
閜 1504

è

啞 144
咅 153
呃 161
咢 165
遻 192
遏 202
諤（諤） 259
鞥 318
鞥 319
歺 448
㓵（鍔、詻） 485
餩 592
餓 592
鄂 756
㬎 779
痷 886
頞 1060
屵 1122
鼉 1223
惡 1319
戹 1494
閼 1504
搹（扼） 1530
搤 1536
姶 1598
蝁 1755
蝉（鱷、鰐） 1760
堊 1791
軶 1908
齾 1911
阸（阨） 1935

ēn

衮 1235
恩 1296

èn

饐 588

ér

荋 95
胹 478
栭 667
兒（儿） 1031
而（髵） 1157
洏 1415
鮞 1463

ěr

珥 32
薾 86
尒（尔） 120
邇 202
鬻（餌） 326
爾（尔） 370
毦 1016
耳 1511

èr

刵 495
樲 641
貳 735
佴 944
姻 1598
二 1780

F

fā

發（发） 1667

fá

茷 95

fēi

盽 373
毳 1017
騛 1176
騑 1180
霏 1461
飛（飞） 1483
非 1484
扉 1493
妃 1587
斐 1625
緋 1729

féi

腓 467
肥 483
蜚 1746

fěi

菲 108
辈 130
誹 278
翡 396
篚 530
饛 584
棐 705
胐 794
斐 1082
悱 1334
棐 1484
匪 1651
蟲（蜚） 1771

fèi

蓖 53
吠 160
跳（荆） 238
灒 324
曹 388
肺 461
鑻 508
櫠 635
柿 698
費 737
穄 813
癈 879
痱 882
扉 1021
鬂 1089
廢 1133
扉 1141
沸 1390
蜚 1805
鬩（狒） 1952

fēn

氛（雰） 46
芬（芬） 50
分 120
闉 330
鳶 436
饙（饙） 582
棻（菜） 643
帉 904
衯 1000

紛 1716

fén

蕡 97
粉 413
鼖 555
枌 649
棼 709
幩 915
豮 1159
颲（蚡） 1222
樊（焚） 1239
汾 1347
漬 1389
魵 1473
墳（坟） 1808
鐼 1844
轒 1917

fěn

粉 838
黺 922
扮 1548

fèn

奮（奋） 410
糞（粪） 439
膹 480
幨 914
份 931
債 967
忿 1318
憤 1321
漢 1414

俘 970
服 1029
髴 1088
匍 1099
畐 1106
茀 1118
燹 1229
烰 1229
沸 1229
踤 1285
佛 1312
涪 1338
浮 1377
沸 1390
洡 1398
泭 1452
扶 1525
拂 1568
弗 1632
乀 1632
紼 1722
緋 1726
蚨 1758
蝠 1762
蠹（蜉）1769
輻 1906

fǔ

衭 12
莆 52
鬴（釜）323
攺 359

甫 368
脯 475
腐 483
簠 524
郙 765
黼 922
俌 943
頫（俛、俯）1068
醐 1075
府 1123
拊 1533
撫 1540
綌 1720
斧 1886
輔 1919

fù

蕡 66
覆 67
蕾 68
赴 167
復（复）209
跗 228
父 332
腹 466
夏（复）616
榎 684
負 735
賦 739
賻 743
馥 832
富 855

覆 867
府 881
覆 904
傅 943
付 945
複（复）999
髳 1086
復 1101
駙 1182
蠡 1203
鮒 1468
鰒 1476
婦 1586
縛 1687
蝮 1733
坿 1799
鍑 1850
輹 1904
阜 1923
附 1935
陚 1938
餶 1945

G
gà

尬 1271

gāi

祴 18
荄 88
該 295
毅 347

gào

禞 13

告 133

誥 263

郜 759

峼 1116

gē

鴿 421

訶 427

胳 465

割 491

哥 549

歌（謌） 1047

滒 1422

戈 1635

gé

茖 60

葛 80

諽 292

革 313

翮 397

骼 458

觡 499

骼 505

轕 562

格 660

柧 677

槅 694

鄍 756

帗 915

佮 948

假 949

匌 1101

駒 1185

霅 1458

閣 1496

閤 1503

挌 1572

蛤 1756

隔 1936

gě

哿 549

舸 1029

gè

各 158

箇（個、个） 526

gēn

跟 226

根 653

gèn

桓（亙、亘） 702

艮 981

頣 1060

gēng

鶊（羹） 325

夏（更） 356

耕 501

揯 1554

絚（緪） 1718

庚 1958

gěng

哽 152

骾 458

梗 649

郠 759

鯁 1477

耿 1513

緪 1718

埂 1803

gèng

鮥 1464

gōng

公 122

龔 305

龔 307

厷（肱） 332

攻 362

艭（舡） 506

工 542

宮 865

躬（躳） 866

供 940

恭 1295

弓 1661

功 1829

gǒng

珙 45

収（廾） 303

鞏（巩） 315

巩 329

栱 1146

恐 1330

拱 1522

鴣	431	湨	1415	**guǎng**		
骺	456	鰥	1465	廣（广）	1128	
劀	492	關（关）	1506	獷	1209	
刮	492	絲	1732	臩	1279	
瓜	847	官	1920	**guàng**		
騧	1174	**guǎn**		桄	343	
緺	1704	輨	319	俇	975	
鍋	1878	筦	518	狂	1314	
guǎ		管	534	**guī**		
冎	454	館	590	瑰	41	
寡	860	輨	1907	歸（归）	179	
guà		**guàn**		巋	322	
諣	277	祼	14	巂	403	
詿	279	瓘	25	珪	502	
卦	366	遺	188	邽	750	
挂	1570	瞤	375	傀	931	
絓	1676	雚	410	蘬	1065	
guāi		盥	569	騩	1172	
乖	411	鑵	601	廆	1199	
𢆉	1577	毌	800	規	1281	
guǎi		貫	801	閨	1496	
丬	411	爟（烜）	1245	嬀	1582	
guài		悹	1299	嫢	1607	
夬	333	懽（歡）	1305	蚅	1735	
怪	1311	灌	1349	龜（龟）	1775	
guān		摜	1540	圭（珪）	1810	
莞	63	**guāng**		**guǐ**		
棺	704	桄	698	祪	12	
冠	891	侊	961	詭	291	
倌	957	光	1243	艍	505	
觀	1037	洸	1376	簋	524	

hán

琀 42

虪 109

含 139

韓（韩） 623

邯 754

邗 761

函 801

寒 861

頷 1061

龥 1224

涵 1406

涵 1452

霤 1456

豃 1660

hǎn

罕（罕） 896

厂 1136

豃 1207

hàn

菡 76

譀 283

敦（捍） 355

晘 373

翰 396

韓 404

鶾 435

虤 563

旱 776

暵 780

马 801

棟 802

乾 1015

頷（頷） 1061

頷 1066

顄 1176

駻 1186

熯 1229

悍 1311

漢 1343

灘（滩） 1395

涵 1406

汗 1430

閈 1497

撼（撼） 1557

扞（捍） 1569

蛤 1739

釬 1873

háng

迒 206

航（航、杭） 1030

魧 1479

hàng

斻 1276

沆 1374

hāo

蒿 112

薅 117

薧 454

háo

嗥 160

號 284

号 551

號（号） 551

虦 635

鄂 755

豪（豪、毫） 1162

hǎo

郝 749

好 1600

hào

璥 38

謔 560

鄗 754

晧（皓） 774

暤（皞） 774

耗（耗） 816

顥 1069

昊（昊） 1279

浩 1374

滈 1405

灝 1422

鰝 1479

政 1584

鎬 1851

hē

喝 158

訶（呵） 288

乞 549

疢 889

欱 1051

抲 1560

蝎 1754

hóu

喉	134
猴	397
餱（糇）	584
矦（侯）	602
鄇	752
候	950
猴	1218
鯸	1480
鍭	1873

hǒu

吼（呴）	1091

hòu

逅	207
後（后）	213
昗（旱）	609
厚	610
郈	761
后	1090

hū

呼	140
嘑（呼）	147
謼（呼）	272
諕	272
雐	407
膴	477
智	546
乎	551
虍	561
虖	562
榾	659

昒	770
幠	913
歑	1045
魖	1105
嘑	1162
桒	1277
忽	1313
滒	1388
匫	1652
颮	1773

hú

瑚	42
鬻（糊）	325
鵠	426
胡	474
觳	508
餬（糊）	588
崔	607
黏（糊）	830
狐	1219
鼯	1225
焴	1236
楜	1270
壺（壺）	1271
湖	1393
摑	1562
搳	1562
弧	1662
縠	1690
斛	1889
醐	1988

hǔ

琥	29
虎	562
邪	764
汻（滸）	1389

hù

祜	7
芐	73
噀	139
嗀	159
護（护）	270
鸌	321
雇	407
笏（互）	528
笏	538
楛	640
柜	693
鄠	748
扈	748
昈	782
瓠	848
罟	900
岵	1112
戶	1139
穀	1218
縠	1260
怙	1301
戶	1492
婟	1616
妒	1618

肓　461

峦　571

䎓（㡏、忙）796

稬　825

帆　906

骦　1187

宑　1442

綕　1675

huáng

皇　23

璜　29

瑝　36

喤　136

遑　207

翌　401

篁　515

簧　533

雤（䔢）620

崋　712

穔　823

艎　1029

煌　1242

惶　1330

湟　1344

潢　1392

蟥　1745

蝗　1750

黃　1826

鍠　1868

隍　1942

huǎng

詤（謊）285

櫎（幌）683

晄（晃）771

huī

睢　378

睳　388

翬　399

暉　774

微　911

禕　993

猚　1220

灰　1232

煇（輝）1242

恢　1295

揮　1558

撝　1560

摩（麾）1573

媈　1621

徽　1712

陸（䧺、墮）1932

隔　1938

huí

回　723

洄　1399

蛔（蜖）1735

huǐ

毇　840

焜　1226

燬　1227

悔　1320

挐　1568

嬰　1624

虫　1733

虺　1736

毀　1803

huì

薈　91

薉（穢）92

卉　106

喙　134

嘒　147

誨　257

諱　263

詯　280

讀　284

譓　284

彗　336

卟　366

翽　400

惠　442

會（会）595

槥　704

賄　729

晦　776

瘣　877

慧　1294

恚　1318

潓　1349

沬　1425

濊　1433

闠　1498

禾	718	刞	252	級	1684
稽	719	輯	321	繼	1689
竇（賣）	732	乩	328	亟	1780
積（积）	820	及	334	鏶	1854
稘	828	纍（集）	418	輯	1898
鑣（齏）	846	殛	449	聲	1915
罿（羈）	902	膌（瘠）	470	**jǐ**
幾	938	耤	501	邘	764
屐	1026	籍	514	機	818
嵇	1121	卽（即）	580	虮	1111
磯	1153	亼	593	麐（麂）	1197
激	1379	極（极）	665	泲（濟）	1349
擊（击）	1568	极	694	濟	1361
姬	1580	楫	697	鮚	1479
績	1721	耡	757	擠	1524
基	1787	棘	805	掎	1557
墼	1792	疾	876	脊	1577
畸	1818	伋	927	改	1598
畿	1820	佶	933	輢（戟）	1636
几	1883	佹（嫉）	966	給	1688
jí		襋	991	蟣	1738
藉	98	覬	1041	己	1957
嗘	137	炭	1120	**jì**
吉	149	急	1307	祭	11
趈	172	恆	1307	薊	61
趚	175	湒	1404	薺	73
彶	210	濈	1423	蘩	73
踖	228	汲	1426	芰	74
蹐	235	揤	1536	蘮	85
品	245	姞	1581	薽	90
棘	252	戢	1641	嚌	137

椵 640	兼 829	梘 657
瘕 884	帴 911	檢 692
假 949	幩 912	柬 721
斝 1889	監 987	葉 721
甲 1953	縢 1050	儉 954
jià	豣 1159	襇 994
稼 810	麚 1197	鬋 1085
嫁 916	煎 1234	薫 1252
價（价） 977	黰 1250	笕 1324
駕 1180	黚 1251	灡 1416
嫁 1585	湔 1340	減（减） 1431
jiān	瀸 1385	鹻（硷、碱） 1492
玪 37	霙 1456	揃 1536
蒹 58	霙 1457	戩 1641
菅 63	鰜 1467	繭（茧） 1673
蕳 75	䶂 1483	錢 1859
葌 114	閒（間） 1503	**jiàn**
犍 132	姦（奸） 1628	萌 61
逮 205	戋 1641	蕲 97
鹹 222	縑 1690	荐 98
軒 313	緘 1714	趣 177
鞬 320	艱 1814	後 212
韉 322	鐱（尖） 1853	建 216
堅 342	开 1882	徤 218
瞷 379	**jiǎn**	踐 231
鵳 431	蒲 79	諫 265
殲 452	蹇 237	譴 269
肩（肩） 464	臉 388	笏（腱） 484
箋 517	繭 396	劒（劍） 498
櫼 674	劗（前、剪） 487	箭 511
械 681	簡（简） 516	餞 590

炌 1231

敹 1232

絞 1269

恔 1294

湫 1412

潐 1419

撟 1548

攪 1559

撡 1566

姣 1601

嬌 1605

蟜 1739

勦（剿） 1835

jiào

噭 134

噍（嚼） 138

叫 157

呌 245

警 274

訆 284

教 365

校 697

窌 870

窖 870

歊 1050

斠 1050

嶠 1120

潐 1410

斠 1891

孝 1966

醮 1981

醠 1982

jiē

萓 80

荄 88

喈 160

街 217

嗟（嗟） 286

皆 392

腤 469

楷 689

楬 705

稭（秸） 821

痎 884

湝 1371

接 1539

揭 1547

階（阶） 1940

jié

尐 119

趌 170

趌 172

疌 179

詰 291

睫（睫） 373

羯 414

鶛 423

鶛 428

剣 496

節（节） 513

竭 571

桀 626

桔 639

楉 666

稰 818

傑（杰） 927

偼 944

袺 1008

鬣 1085

卪 1093

巀 1111

岊 1118

碣 1145

戛 1266

竭 1284

潔（洁） 1436

拮 1562

捷 1573

婕 1597

戳（截） 1639

結 1686

絜 1725

蛣 1739

蠽 1766

刦 1830

劫 1837

鈺 1875

孑 1967

jiě

解 506

姐 1589

jiè

玠 30

阱 579
景 773
儆 937
頸 1061
憼 1295
憬 1334

jìng
徑 209
誩 297
競（竞） 297
竟 299
脛 467
靜 578
樫 675
痙 887
倞 934
靚 1041
穎 1070
彰 1080
敬 1102
踭 1283
靖 1283
淨（净） 1356
瀞 1414
婧 1606
妌 1606
境 1812
勁 1831
鏡 1847

jiōng
冂（坰） 606

駉 1179
駉 1191
扃 1494
絅 1687

jiǒng
迥 204
囧 797
窘 872
裘 994
熲 1230
炯 1243
炅 1244
泂 1424

jiū
啾 135
赳 168
丩 250
宄 250
糾 250
鬮 330
鳩 420
龝（擎） 623
樛 658
朻 658
究 873
勼 1099
揫 1544
揂 1546
摎 1564

jiǔ
玖 37

久 625
韭 846
灸 1237
玖 1598
九 1950
酒 1976

jiù
邀 185
齨 224
臼 346
救 358
舊（旧、鵂） 411
鷲 422
就 608
臬 837
臼 841
疚（疚） 861
咎 971
倃 972
僦 977
匓 1101
廄（厩） 1127
麔 1198
鯦 1479
柩 1653
舅 1827

jū
琚 37
苴 103
跔 238
拘 249

嫭 1617
埾 1800
勮（劇） 1834
鋸 1862
鉅（巨） 1879
醵 1983

juān

稍 822
涓 1369
捐 1572
娟 1629
絹 1694
蠲 1742
鐫 1858
酮 1977

juǎn

臇 480
卷 1094
捲（卷） 1565
蠽 1769
埍 1807
陮 1937

juàn

諼 292
弮 305
睊 380
眷 381
罥 389
雋（隽） 409
鮝 558
棬 686
圈 725
鄄 759
羂 896
絭 913
倦 973
獧 1212
狷 1220
懁 1307
縳 1690
桊 1714
券（倦） 1835
孌 1892
衛 1910

juē

屩 1026
撅 1571

jué

玦 31
玨（瑴） 45
蕝 99
蕨 108
噱 145
趣 168
趹 173
趯 174
趉 174
蹶 233
躩 236
趹 239
谷（臄） 247
譎 286
訣 297
谻 329
眏 383
矍 417
鷸 421
鴂 423
鷢 433
觼 456
肤 466
劂 486
觖 504
觼（鐍） 508
爵 581
桷 667
橛 686
疦 880
瘚 881
倔 966
覺 1041
崛 1115
厥 1138
貜 1166
駃 1192
臭 1202
玃 1217
爝 1246
憰 1314
潏 1375
決（决） 1396
抉 1542
攫 1552

伉　927
犺　1211
炕　1245
忼　1292
闶　1511
抗（杭）　1569

kāo

尻　1019

kǎo

攷（考）　362
丂　548
栲　637
考　1015

kào

靠　1484

kē

珂　44
藘　82
苛　92
髁　456
樖　682
柯　688
科　827
窠　869
疴　877
顆　1065
磕　1147
軻　1915

kě

敤　363
可　549

渴　1049
渴　1411
坷　1804

kè

嗑　153
課　266
刻　489
克　809
客　860
緙　1013
磬　1148
愙（恪）　1300
溘　1437
剋（剋）　1834

kěn

齦（啃）　222
肎（肯）　483
狠（啃）　1160
墾（墾）　1812

kèn

懇（懇）　1335

kēng

硻　131
牼　414
崆　1117
硍　1148
摼　1568
鏗　1914
聲　1916
阬（坑）　1933

kōng

空　870
涳　1380

kǒng

恐　1330
孔　1487

kòng

控　1532

kōu

摳　1521
彄　1663

kǒu

口　134
叩　749

kòu

訆　282
寇　360
敂（叩）　362
縠　436
瞉　598
佝　963
滱　1363
扣　1573
釦（扣）　1855

kū

哭　166
砳　453
刳　490
鼝　615
枯　660
頊　1070

揆　1550

癸　1636

魁　1890

逵（達）　1950

kuǐ

趌（跬）　176

頍　1066

頠　1071

kuì

蕢　103

喟　141

殨　451

髋　457

饋　587

餽（饋）　592

樻　638

鬙　1087

愧　1317

潰　1386

聵　1517

媿（愧）　1628

kūn

琨　40

蔾　81

鶤　424

齃（鼻）　624

昆　781

幝（褌）　908

歁　1050

頋　1070

髡　1089

崑　1121

焜　1243

蚰　1765

坤　1782

kǔn

踇　238

梱（閫）　672

壼　724

稇（捆）　820

悃　1293

kùn

困　727

kuò

苦　72

适　190

齼　224

鞟（韢）　313

栝（桰）　689

頢　1065

髺　1086

懖　1315

濎　1356

霩（廓）　1458

闊　1510

括　1559

L

lā

拉　700

歴　1139

拉　1525

là

琍　26

鬎　222

臘（腊）　471

棘　642

剌　721

瘌　890

擸　912

lái

奎　26

萊　109

藜　133

來（来）　612

秾　817

騋　1178

淶　1363

lài

睞　384

籟　534

賚　734

賴　735

襰　1038

瀨　1388

瀨　1452

鰊　1472

勑　1829

lán

藍　57

蘭（兰）　58

蕳　91

蘫　101

厽 1946
絫（累） 1946
垒 1946

lèi

禷 12
茉 96
肋 464
邦 758
頛 1070
頪 1072
類（类） 1216
纇 1679
勵 1833
醨 1987

léng

棱 699

lěng

冷 1451

lèng

餕 593

lí

蓠 59
荲 61
藜 98
蔾 113
犛（犁） 130
氂 133
邌 196
謧 280
嫠 334
離（离） 405

雛 407
劦 492
黎（梨） 630
杝（籬） 674
邌 751
秝 816
黎 831
罹 903
嫠 1082
貍（狸） 1167
驪 1172
愁 1318
慈 1327
鱺 1469
嫠 1629
縭 1711
縰 1721
釐（厘） 1815
鑗 1844
醨 1986

lǐ

禮（礼） 7
理 35
邐 195
欐 354
焱 370
豊 559
李 631
欚 697
郖 756
俚 935

裏（里） 991
澧 1353
鯉 1465
鱧 1467
鱧 1470
蠡 1769
里 1815
醴 1977

lì

吏 5
瑿 25
瓅 34
瓅 40
瑮 41
莫 62
蒿 65
荔 109
犡 126
唳 163
趰 176
歷（历） 179
鬲 322
鬁 324
隸（隶） 341
鴗 431
利 486
笠 529
欐 641
櫟 647
櫔 703
酈 765

liàng

諒　254

眼　383

琼（亮）　1055

liáo

璙　24

遼　204

敹　357

鷯　425

膋（膋）　475

簝　528

窲（寮、僚）　868

癆（療）　889

僚　931

膠（簝）　1135

獠　1214

璆　1230

憭　1300

潦　1373

繆　1448

聊　1513

撩　1534

霙　1597

嫽　1597

璙　1788

鐐　1842

liǎo

蓼　54

釕　764

燎　1239

鐐（燎）　1259

憭　1294

繚　1685

了　1966

liào

廖　1136

寮　1227

炓　1271

料　1890

liè

苭　76

挘　127

邋　202

迾　202

戾　446

脟　464

列　490

柊　641

梸　667

裂　822

儠　932

裂　1005

鬣　1087

駕　1186

獵　1214

烈　1228

鼠　1286

洌　1380

夯　1443

擸　1529

甈　1660

蛚　1751

蛢　1753

颲　1774

埒　1788

劣　1833

lín

琳　28

瞵　375

林　708

鄰　745

痳　884

臨（临）　988

嶙　1119

麟　1196

麐　1197

獜　1211

㷠　1248

灆　1394

淋　1427

鄰　1442

霖　1457

鰲　1464

鱗　1477

轔　1919

lǐn

菻　78

亩（廩、稟）　611

鄻　765

䚐　1067

畲　1248

癛（凜）　1449

癃 889
襱 998
礱 1150
瀧 1405
籠 1448
龍（龙） 1482
聾 1516
蠬 1743

lǒng

壠 796
垄 1428
壟 1790
龏 1809
隴 1937

lòng

梇 651

lōu

摟 1544

lóu

蔞 69
遱 203
謱 276
髏 455
膢 472
簍 523
樓 669
僂 970
漊 1405
鰼 1467
婁（娄） 1623
螻 1743

lǒu

塿 1805

lòu

鄭 756
瘻 880
廇 1133
漏 1432
扁 1458
㐁 1648
鏤 1844
陋 1929

lú

蘆 56
鸕 429
旅 443
臚（膚） 460
籚 528
盧（卢） 567
櫨 666
鑪 1027
顱 1058
鬢 1088
廬 1124
黸 1249
瀘 1434
攎 1571
膚 1655
纑 1722
墟 1785
鑪（爐） 1855

lǔ

魯 69
鲁 392
櫓 691
虜（房） 801
艣 1126
鱸 1474
鹵（卤） 1491
鏞 1855

lù

祿 8
璐 26
岃 50
菉 110
趢 175
逯 198
路 239
睩 384
鷺 426
鵱 427
䴖 503
簏 511
籙 525
麓 709
賂 733
彔（录） 809
稑（穆） 811
麗 899
僇 971
親 1037
磟 1154

犖 126
鞳 314
晷 385
雓 403
箬 523
駱 1173
烙 1247
贏 1285
洛 1345
濼 1356
雺 1455
鮥 1464
絡 1719
鉻 1878

M

mā

蟆 1759

má

麻 844

mǎ

馬（马） 1171

mà

禡 18
鄢 757
瘝 880
罵（駡） 902
髍 1087

mái

薶（埋） 106
霾 1459

mǎi

買（买） 739

mài

邁 185
讈 283
睰 379
麥（麦） 613
賣（卖） 713
衇（脈、脉） 1447
霡 1456
勱 1830

mán

趖 174
謾 276
鞔 315
瞞 374
蟎 895
鬘 1083
懣 1313
鰻 1469
蠻 1762

mǎn

矕 374
滿 1384

màn

蔓 80
曼 333
樠 671
幔 909
獌 1219
慢 1312

嫚 1622
縵 1692
鏝（槾） 1863
輓 1898

máng

芒 87
牻 126
哤 157
盲 385
朰 670
邙 751
尨 1140
駹 1174
厖 1204
浝 1365
娏 1428

mǎng

莽（莽） 117
莽 118

māo

貓（猫） 1168

máo

茅 63
犛 133
旄 790
毛 1015
覒 1042
髦 1084
髳 1085
蝥 1748
蝨 1767

檬	913	瓕（彌）	1155	幦	916
冞	1040	麛	1197	密	1114
駖	1193	蘪	1197	汩	1351
濛	1405	爢	1236	濵	1352
霢	1460	靡	1484	覕（覓）	1447
鯭	1464	壐	1665	糸	1673
眠	1631	麋	1717	蠠（蜜）	1768
薱	1656			塓	1811
蝱（虻）	1768	**mǐ**		醓	1982
眠（眠）	1824				
酴	1976	敉	359	**mián**	
		眯	384		
měng		芈	412	矏	373
		米	832	瞑（眠）	382
猛	1211	怳	1333	鼻	392
蠓	1752	灖（灅）	1383	芇	411
蜢	1764	洣	1423	櫋	668
黽（黾）	1776	灓（灅）	1436	宀	849
		麛	1518	寱	856
mèng		弭	1661	鬚	1084
		緋	1694	緜（綿）	1670
夢（梦）	798			蝒	1744
癔（夢、梦）	875	**mì**		螆（蝒）	1751
懜	1316				
孟	1965	祕（秘）	10	**miǎn**	
		蓿	77		
mí		蓂	80	鞔	320
		謐	268	睌	376
迷	199	覛	563	眄	385
謎	296	益	568	冕	893
簚	513	否（覓）	781	僶	954
麋	835	鼏	808	丏	1075
耄	836	宓	854	愐	1303
纙	839	一	891	沔	1344
寐	876	幎（冪、幂）	909	湎	1420
罞	897				
覒	1040				

邨　750
秊（年）　823
黏（粘）　830
鮎（鯰）　1472

niǎn
戸　1020
淰　1419
撚（捻）　1570
嬝　1623
輾（輾、碾）　1913
輦　1917

niàn
廿　252
念　1291
汈　1364
燃　1584

niáng
孃（娘）　1625

niàng
醸　55
釀　1976

niǎo
鳥（鸟）　418
裊（嫋、褭）　1011
嫋　1603
嬈（嬲）　1623

niào
尿　1024

niē
捏（撚）　1575

niè
釒　180
齧（嚙）　223
躡　230
喦　242
讘　288
聿　338
敜　361
驨　428
籋（鑷）　529
臬　690
糵（蘖）　700
黜　714
蘖　834
嵲　1112
駤　1184
槷　1273
涅　1387
闑　1500
聶（聂）　1518
蠥　1763
嵒　1920
陧　1932
孽　1965

níng
鬡　66
薴　93
嶷　165
寧（宁）　548
嵍　853

bīng（凝）　1449
鑏　1767

nìng
甯（寧、宁）　369
濘　1391
佞　1616

niú
牛　124

niǔ
莥　52
鈕　585
邥　764
狃　1210
紐　1705
鈕　1857
朒　1969

niù
扭　1894

nóng
農（农）　310
膿（脓）　572
襛　999
獳　1205
濃　1408
醲　1979

nòng
弄　304
癑　886

nóu
獳　1210

槃（盤、盘） 680

幋 905

鬆 1086

鰟 1254

擎 1550

婺（婆） 1612

pàn

胖 124

叛 124

盼 374

辬 378

判 490

泮 1432

畔 1821

pāng

滂 1372

斜 1892

páng

旁（旁、雱） 6

郒 755

稖 823

龐 1130

pāo

脬 462

泡 1357

抛 1576

páo

咆 160

鞄 314

袍 993

麭 1102

庖 1126

麃 1198

炮 1234

pào

皰 350

麭 720

奅 1264

pēi

胚（胚） 459

衃 572

醅 1984

péi

剕 749

甏 752

裵（裴） 1001

碩 1062

培 1800

陪 1942

pèi

邶 758

斾 786

帔 907

佩（珮） 925

崷 1123

怖 1319

浿 1353

沛 1362

淠 1362

轡 1732

配 1980

pēn

噴 154

歕 1045

pén

盆 567

pēng

怦 127

亯（享、亨） 608

抨 1565

péng

芃 88

蓬 113

彭 554

棚 685

佣 937

騯 1179

弸 1663

輣 1897

pī

丕 4

邳 761

旇 789

秠 818

伾 936

頗 1079

駓 1174

鮍 1468

鉟 1470

披 1545

搋（批） 1558

坏（坯） 1806

鋻 1859

piè

婆 1619

pīn

闖 331

姘 1626

pín

玭（螷） 40

薲 57

顰 282

矉 378

檳 641

貧 739

顮 1105

鼙 1440

嬪 1610

pǐn

品 241

pìn

牝 125

朮 843

聘 1516

娉 1613

pīng

德 211

甹 548

俜 946

舭 1097

píng

苹（蘋） 57

荓 67

蓱 108

平 552

缾（瓶） 598

枰 700

邢 764

馮 1183

甂 1222

泙 1384

溯 1398

萍 1433

鉼 1655

蚲 1745

坪 1784

凭（憑） 1883

軿 1896

pō

籴 714

頗 1071

柫 1539

坡 1783

鏺 1860

pó

膊 476

鄱 758

皤 919

pǒ

叵 550

駊 1182

pò

迫 202

敀 353

轉 623

朴 654

粕 839

奤 841

魄 1103

破 1150

狛 1219

洦（泊） 1365

酺 1980

pōu

剖 489

娝 1622

póu

箁 512

髻 1085

掊 1533

抔（抱、裒） 1537

pǒu

音 574

pū

攴（攵、扑） 351

痡 877

仆 967

拂 1529

撲（扑） 1566

鋪 1877

pú

蒲 64

羮 302

僕（仆） 302

臊 425

启 148

起 171

啟（启） 352

腎 483

豈（岂） 557

杞 646

棨 693

邔 756

晵 772

企 924

譖 1076

屺 1112

綺 1689

綮 1692

躺 1915

qì

气 46

芞 60

葺 99

臮 146

迟 197

迄 207

器 246

訖 272

瞁 377

暩 380

棄（弃） 440

栔（契） 498

蠽 554

磬 601

忮 979

褉 992

屑 1020

顪 1070

磧 1146

砌 1154

契 1265

愒（憩） 1306

憨 1331

汔（汽） 1410

湇 1411

泣 1430

揭 1547

墼 1615

甈 1659

緝 1721

畆 1780

qiā

搧 1543

揩 1575

qià

瞁（睯） 385

靭 498

硈 1147

恰 1335

洽 1408

qiān

芊 116

牽（牵） 129

塞 171

趚 175

遷（迁） 193

遮 203

千 251

謙 269

辛 300

睪 308

臤 341

雅 406

籤（签） 532

僉（佥） 594

鄹 766

褰 998

覷 1043

欦 1047

顩 1070

髂 1088

騫 1187

慾 1316

汧 1344

汗 1366

裕 1449

攘 1521

掔（掔） 1546

攐（搴） 1556

嬱 1608

鉛 1842

阡 1944

qián

赶（趕） 177

歬（前） 179

雒 407

箝 527

陟（峭） 1929

qiē

切 488
婫 1621

qiě

且 1884

qiè

藒 59
齺 223
妾 301
竊（窃） 839
痰 888
狤（怯） 1211
愿（愜） 1291
恋 1329
湝 1365
鯜 1474
挈 1526
匧（篋） 1650
絜 1710
鍥 1861

qīn

侵 950
衾 1003
親（亲） 1041
欽 1044
駸 1183
綅 1709

qín

莐 55
芹 71

荃 73
芩 73
靬 320
鈙 363
秦 826
瘽 878
厪 1140
鮯 1478
聆 1518
捦（擒） 1527
琴 1645
菫 1814
勤 1835
矜 1894
禽 1951

qǐn

菳 103
趣 170
赾 173
梫 632
寑 859
寢 875
蟫 1733

qìn

菣 77
沁 1347
潜 1353

qīng

青 578
傾 945
頃 980

卬 1097
卿 1097
清 1381
輕 1896
陘 1933

qíng

檠 689
姓（晴） 799
黥 1255
情 1288
鯖 1469
勍 1831

qǐng

謦 253
請 254
亯（廎） 604
檾（苘） 844
綮 1419

qìng

磬 600
窒 870
磬 1149
慶（庆） 1297
濪 1424
清 1450
鑿 1869

qiōng

营 58

qióng

瓊（琼） 26
蒬 68

翎	398	**quān**		鞻	623
瞿	416	佺	1296	勸	1832
騴	430	悛	1304	**quē**	
鴝	434	鐉	1878	缺	600
臞	469	**quán**		騃	607
胊	477	荃	101	**què**	
郇	763	牷	128	趞	169
痀	881	趡	175	殼	344
氍	1016	鬈	221	雀	404
鼩	1223	踡	230	舃（誰、鵲）	437
濯	1354	詮	266	榷	695
渠	1394	觠	503	卻（却）	1095
鱹	1480	全	597	碏	1147
絇	1714	權	645	礐	1147
蠷	1768	佺	941	确（確）	1148
軥	1778	鬈	1084	碏	1153
劬	1838	泉	1445	踖	1285
鑺	1881	拳	1520	愨	1290
斫	1886	彊	1662	愲	1306
qǔ		綣	1697	淮	1408
犤（齲）	226	絟	1723	闋	1499
取	336	蠸	1737	闕	1509
詢	1284	銓	1864	推	1568
娶	1585	輇	1916	塙（碻）	1784
qù		**quǎn**		**qūn**	
趣	167	綣	839	趡	175
去	571	犬	1204	逡	198
麮	615	く（甽、畎）	1440	夋	615
覷（覰）	1039	綣	1730	囷	725
屈	1494	**quàn**		**qún**	
闃	1511	券	496	歡	360

 róng

茸 113
蓉 115
鞋 319
融 324
榮 649
容 855
頌 1058
鬙 1088
嶸 1117
駥 1194
溶 1381
搈 1546
揝 1559
戎 1636
顒 1659
鎔 1846
醲 1979

rǒng

宂（冗） 856
毦 1015
毦 1224
軵 1916

róu

鞣 314
腬 473
柔 661
粈（糅） 837
脜 1074
蝚 1738
葇 1818

鞣 1904
厹（厹、蹂） 1950

rǒu

葇 209
煣 1239

ròu

肉 459
鍒 1880

rú

茹 104
鼕 407
娜 764
帤 906
儒 926
襦 1001
鱬 1105
濡 1361
如 1609
嬬 1622
絮 1720
孺 1964
醹 1978

rǔ

郮 750
襦 876
汝 1346
乳 1488
擩 1549
辱 1971

rù

蓐 117

入 596
溽 1387
洳 1406
縟 1700

ruán

瞤 1817

ruǎn

薍 83
甂 351
偄（軟） 959
碝 1144
奭 1280
媆（軟、嫩） 1625
緛 1710
蝡（蠕） 1753
輭 1919
阮 1938

ruí

蕤 87
桵 638
狉 716
緌 1703

ruǐ

蕊 1336

ruì

瑞 31
芮 90
叡（睿） 447
汭 1370
蜹（蚋） 1752
銳 1863

沙 1388
鯊（鯊） 1474
鎩 1857

shà
　萐 52
　煞 399
　翜 401
　箑 527
　歃 1050
　潠 1424
　霎 1461

shāi
　籭（篩） 520

shài
　曬（晒） 780

shān
　珊 42
　芟 98
　苫 100
　葠（參） 106
　羴（膻、羶） 416
　刪 491
　笘 531
　樿（杉） 637
　邖 765
　痁 884
　挻 1011
　衫 1012
　彡 1079
　髟 1083
　山 1109

煽 1247
潸 1430
挻 1536
姍 1624
纔（才） 1699
繟 1712

shǎn
　睒 375
　覢 1040
　猭 1208
　貼 1248
　夾 1266
　閃 1509
　陝 1620
　陝（陝） 1937

shàn
　禪 16
　訕 277
　譱（善） 297
　膳 473
　樿 633
　贍 743
　鄯 747
　疝 881
　偏 937
　傼 964
　狦 1208
　汕 1396
　鱓（鱔） 1473
　扇 1493
　擅 1550

嬗 1611
繕 1711
蝪 1754
蟺 1758
墡 1802

shāng
　商 249
　羛 324
　殤 449
　觴 507
　鍚 603
　賣（商） 738
　傷（伤） 968
　慯 1326

shǎng
　饟（晌） 586
　賞 734

shàng
　丄（上） 5
　尚 121

shāo
　菁 90
　籍（筲） 521
　箱 521
　梢 641
　稍 825
　燒 1228
　捎 1549

sháo
　韶 299

昇（升） 784

聲（声） 1515

甥 1828

升 1893

shéng

繩 1713

shěng

省 382

睲 680

渻 1386

媘 1619

蟳 1753

shèng

滕 684

賸（剩） 733

晟 783

聖（圣） 1514

勝（胜） 1832

shī

蓍 77

詩 256

敊 354

師 712

邿 760

施 788

尸 1017

屍（尸） 1021

覗 1042

溼（濕） 1411

失 1551

纚 1691

蝨 1746

蟲（虱） 1766

鼀 1777

釃 1977

shí

祏 13

十 251

識 261

食 582

時（时） 769

祏（石） 828

寔 854

實（实） 855

什 948

石 1143

鼫 1222

拾 1553

蝕（蚀） 1755

塒 1796

shǐ

芺 54

菡（屎） 105

史 337

豕 581

矢 601

使 956

豕 1158

駛（驶） 1194

始 1598

shì

示 7

士 47

蒔 91

釋 123

噬 138

嗜 152

是 184

逝 187

適（适） 187

徥 211

跣 232

舓（舐） 246

世 253

諟 261

誓 264

試 266

諡（谥） 294

事 337

弑 347

眂（視） 376

睗 380

奭 394

贄 503

筮 517

式 542

卣 580

市 606

柹（柿） 630

貰 736

襫 835

室 850

幟 910

尗 1014
庶 1132
恕 1295
沭 1358
澍 1403
潄 1424
戍 1638
銶 1856

Shuā

㕞（刷） 334
刷 492

shuāi

痕 890

shuài

逵 185
衛 219
帥（帨） 905
䢦 1731
率 1732
蟋（蟀） 1744

shuàn

腨 467
鷒 1092
篹 1915
孿 1964

shuāng

雙（双） 417
鷞 420
霜 1459

shuǎng

爽 370

shuī

韉 320

shuí

誰 292
𩕈 409
脽 466

shuǐ

水 1337

shuì

睡 382
䧺 406
餽 593
稅 824
帨 905
裞 1011
涚 1415

shǔn

吮 138
楯 670
揗 1532

shùn

蕣 83
瞚（瞬） 387
舜（舜） 620
順 1067
鬊 1088

shuō

說 267

shuò

哰 138
箾 532
槊 706
朔 793
欶 1050
碩 1062
獡 1209
爍 1247
掣 1521
妁 1585
鑠 1845

sī

禠 8
玈 39
菘 75
虒 564
榹 681
私 813
罳 903
司 1091
厶 1107
獄 1220
䫄 1222
思 1287
滮 1360
澌 1409
凘 1450
䨴 1455
緦 1723
絲（丝） 1731
颸 1774
斯 1888

叏 335
饕（叨） 590
韜 621
謟 1182
夲 1277
慆 1304
滔 1368
濤 1435
搯（掏） 1523
䩻 1654
弢 1666
絛（縧） 1708

táo

葋 111
咷（啕） 136
逃 201
詢（叨） 280
鞀（鼗） 316
匋 598
桃 632
檮 700
騊 1193
洮 1342
錭 1880
陶 1939

tǎo

討 293

tè

特 125
貣 732
忒 1308
忒 1309
螣 1738

téng

騰（誊） 273
䲢 565
疼（疼） 887
幐 914
騰 1191
滕 1375
縢 1714
螣 1733

tī

剔 497
梯 686

tí

荑 62
蕛 81
嗁（啼） 159
徲 213
蹏（蹄） 226
鶗（鵜） 430
褆 999
題 1038
題 1059
庢 1139
騠 1192
鮷 1472
提 1531
綈 1690
緹（衹） 1697
鍗 1855
銻 1880

tǐ

體（体） 457
醍 1989

tì

薙 96
嚏 141
逖（逷） 204
䁆 378
睼 380
鷉 428
鬄 457
倜 976
禘 999
鬀（剃） 1089
鬀（剃） 1089
替（替） 1286
惕 1330
悌 1336
洟 1430
涕 1430
戾 1493
擿 1543

tiān

天 4
沾（添） 1347
黇 1827

tián

嗔 147
畋 364
甛（甜） 544

tóng

橦 132
詷 269
童 300
毀 346
箽 526
彤 577
桐 649
瞳 782
同 892
僮 923
潼 1338
紬 1259
銅 1466
罋 1775
銅 1843
鈾 1860

tǒng

桶 690
統 1678

tòng

衕 218
痛 877
恫 933
慟 1335

tōu

婾（偷） 1617

tóu

毀 344
腧 807

麤 845
頭（头） 1057
投 1541
繪 1724

tǒu

鵎 425
鯯 1467
妵 1598

tòu

透 208

tū

枰 640
突 872
禿 1035
大 1968

tú

茶 112
捈 126
迲（徒） 185
腯 474
箈 513
巙 565
圖（图） 723
鄜 750
鄈 760
稌 815
瘏 879
屠 1021
盇 1121
駼 1193
涂 1341

捈 1570
塗 1811
酴 1977

tǔ

吐 151
土 1782

tù

兔 1202

tuān

豷（剬） 1076
貒 1168
湍 1378
耑 1826

tuán

鱄 432
簹 522
團（团） 722
漙 1434
摶 1561

tuǎn

疃 1825

tuàn

彖 1163

tuī

蓷 64
推 1524

tuí

讉 284
儓 933
穨（頹） 1035

wǎn

琬　29
菀　79
脘　476
盌　566
夋　617
晚　775
宛（惋）　851
婘　1602
婉　1603
瓮（碗、椀）　1658
綰　1696
踠　1821
輓（挽）　1918

wàn

堅　38
蘁　75
翫（玩）　395
贎　730
鄤　757
擘（腕）　1521
萬（万）　1951

wāng

尣（尪）　1270
汪　1372

wáng

王　23
莣　70
亡　1646

wǎng

往　209

鼓　362
杠　658
网（罔、網）　895
蛧（魍）　1760

wàng

迋　186
謹　291
旺　778
望（望）　986
忘　1313
妄　1617
望　1646

wēi

薇　55
微　211
餵　504
椳　671
械　676
倭　932
敳　948
巍　1036
巍（魏）　1108
巇　1137
危　1143
煨　1232
娃　1232
溦　1405
威　1590
隈　1936

wéi

珷　39

薩　55
違　197
爲（為、为）　327
敳　359
薇　512
韋（韦）　621
囗　722
圍　727
鄏　764
轊　803
寪　853
帷　910
幃　913
禕　999
鹽　1039
嵬　1108
獮　1160
夒　1269
惟　1298
濰　1359
潿　1378
溳　1382
闈　1495
嬃　1621
維　1715

wěi

蒍　79
荶　85
薩　87
葦　109
薳　115

wěng

溒　1402

wèng

甖（甕、瓮）　599

瓮（甕）　1657

wō

喔　161

踒　237

蝸　1757

wǒ

婑　1605

我　1643

wò

暚　381

肞　387

臄　577

楃（幄）　675

偓　941

臥　987

鸑　1183

渓（沃）　1397

渥　1408

掆（剭）　1523

握　1530

擭　1550

斡　1890

wū

誣　277

烏（於）　437

巫　543

朽　671

鄔　753

屋　1022

歍　1047

洿　1412

污　1412

弙　1665

wú

璑　27

蕪　92

菩　111

吾　142

梧　648

橅（無）　708

郚　761

吳　1267

憮　1301

浯　1359

毋　1630

橅（無、无）　1647

隖　1937

wǔ

瑀　39

趛　171

鶏（鵡）　435

舞　619

儛　901

伍　947

侮　966

廡　1126

怃　1302

潕　1352

嫵　1599

武　1641

五　1949

午　1973

𢁢（忤）　1973

wù

芴　108

物　132

誤　279

諩　287

敄　353

瞀　413

鶩　428

晤　771

寤　860

寤　875

痦　878

削　1027

兀　1031

嗀　1118

勿　1156

鶩　1186

悟　1301

霧（霧）　1459

扤　1564

婺　1607

務（务）　1830

鋈　1842

阢　1935

隖（塢）　1943

戊　1956

憙 553
槼 843
厬 1139
洒 1422
洗 1426
纚 1700
璽 1665
壐（璽） 1795

xì

呬 140
哇 144
肸 251
傒 274
斷 293
諡 295
鬩 331
盻 387
虩 564
盡 573
轊 621
榬 640
榍 663
郤 752
鄎 764
氣（气、餼） 838
禼 920
係（系） 969
覭 1043
欪 1044
歆 1050
歖 1052

毥 1261
忥 1317
愾 1321
洫 1353
戲（戏） 1638
匸 1648
系 1670
細 1683
綌 1722
墍 1791
釳 1874
隙 1942

xiā

呷 146
呀 164
跙 238
鰕（蝦、虾） 1478

xiá

袷 14
瑕 35
瓛 38
遐 207
齁 223
舝 620
轄 622
柙 704
暇 777
俠 946
厦 1141
碬 1145
夊 1163

騢 1173
狎 1210
黠 1252
椵 1261
霞 1461
搳 1544
匣 1652
蠱 1767
鍜 1873
轄 1912
陜（狹） 1930

xiǎ

閜 1502

xià

丅（下） 6
鏬 600
夏 618
廈（厦） 1135
墢 1804

xiān

祆 22
躚（跹） 240
騫 436
枮 651
銛 847
僊（仙） 974
仙 974
先 1035
憸 1306
思 1307
鮮 1475

—2103—

xiǎng

響（响）　298

餉　587

饗（飨）　588

亯（享、亨）　608

想　1299

蠁　1734

xiàng

珦　26

樣（橡、样）　639

嶰　766

衖（巷）　767

鼆　777

向　850

像　972

襐　1003

項　1062

象　1169

闐　1504

勨　1833

xiāo

蠨　59

蕭　78

薂　90

嘐　152

嘵　155

哮　161

虓　161

逍　208

嚻　245

嚣　324

鴞　423

膮　479

箾　532

簫　534

虦　564

枵　658

梟　705

宵　858

痟　879

歊　1047

驍　1177

猇　1205

獥　1208

消　1410

瀟　1434

霄　1454

綃　1675

蛸　1745

蟰　1753

銷　1845

xiáo

殽（淆）　346

佾　968

恔　1294

洨　1360

xiǎo

小　119

謏　296

筱（篠）　512

枵　659

橚　660

曉　782

皢　919

皛　921

鐃　1847

xiào

芍　78

嘯　148

效　353

肖　468

笑　538

孝　1015

歗（嘯）　1048

斅　1195

斆　1635

xiē

楔　674

歇　1045

猲　1205

xié

瑎　39

鮭　243

諧　267

講　281

鞵（鞋）　316

鞢　321

脅　464

腺　476

偕　942

衺　1008

襭（擷）　1008

歙　1045

鮏 1477

埡 1785

xíng

行 217
刑 495
荊 579
鍚 583
邢 753
郉 753
滎 847
形 1079
榮 1392
洐 1394
婞 1602
蛵 1739
型 1796
鈃 1848
鋞 1849
銒 1851
陘 1934

xǐng

省 390
醒 1989

xìng

苘（荇） 80
興（兴） 309
腥 479
杏 631
姳（幸） 1268
性 1288
悻（悻） 1308

姓 1579
嬶 1600
婞 1619
絳 1683

xiōng

詾（詾） 287
凶 842
兇（凶） 842
兄 1032
匈（胸） 1100
洶（汹） 1379

xióng

雄 408
熊 1225

xiòng

趚 172
詗 292
夐 371

xiū

脩（修） 476
休 702
髹 720
修 1079
僑 1178
潃 1418
羞 1969

xiǔ

歹（朽） 451

xiù

珛 27
璓 37

齅（嗅） 394
秀 810
褎（袖） 995
岫 1114
繡（綉） 1693

xū

噓 141
吁（籲） 155
諝 265
訏（吁） 286
盱 376
胥 477
吁（籲） 552
稸 677
昫 773
虛 984
欰 1044
欨 1048
歔（嘘） 1049
項 1068
須 1078
魖 1104
頊 1284
愲 1302
需 1460
鰕 1464
揟 1563
頶 1597
繻 1700
蝑 1749
戌 1990

泫 1371

絢 1693

縼 1717

鉉 1853

鏇 1855

xuē

薛 62

鞾（靴） 322

削 485

辥 1960

xué

斆（學） 365

鷽 401

鷽 422

觷 504

穴 866

㕛 1113

澩 1395

紇 1710

xuě

䨮（雪） 1454

xuè1

衊 111

謔 283

夐 371

血 571

箎 869

狘 1220

泬 1375

颮 1772

xūn

熏 50

薰 59

纁 1695

壎（塤） 1794

勳（勛） 1829

醺 1984

xún

珣 26

荀 116

趚 170

巡 185

循 210

詢 296

燖（尋、寻） 349

樳 644

鄩 751

郇 754

恂 907

旬 1099

峋 1119

馴 1188

恂 1298

洵 1364

潯 1383

蟳 1445

鱘 1470

紃 1708

xùn

蕈 82

迅 190

遜 194

徇（狥） 214

訓 257

訊 262

巺 540

巽 540

㯳 641

侚 930

愻 1297

汛 1428

卂 1485

Y

yā

雅（鴉） 402

鴨 437

窫 875

厭（厌） 1141

洼 1392

壓（压） 1804

錏 1873

yá

芽 84

衙 218

牙 225

睚 389

猚 404

枒（椰） 647

崖 1122

厓 1137

涯 1437

掩 1563
嬐 1609
戭 1640
匽 1648
甗 1656
蝘 1737
隒 1935
酓 1979
yàn
唁 159
遃 202
齞 220
鰜 220
趼 239
諺 273
鬳 323
這 376
雁 407
鴈（雁） 427
鴳 435
豔（艷） 560
棪 635
檿 648
晏 773
曣 773
宴 854
俺 936
傿 959
彥 1081
厭（厌） 1141
硯 1152
驠 1176
驗 1178
豣 1216
曕 1230
爓（焰） 1243
餤 1248
焱 1257
爂 1280
瀲（讞） 1431
燕 1482
嬿 1596
晏 1611
媕 1625
醶（釅） 1986
yāng
詇 258
鞅 321
鴦 427
殃 451
央 606
秧 823
泱 1402
yáng
禓 19
羊 412
楊 643
暘 772
瘍 879
痒 880
崵 1112
昜 1156
洋 1358
揚 1547
颺 1773
鐊（錫） 1875
陽（阳） 1925
yǎng
養（养） 585
仰 946
抰 1567
紻 1703
蛘（癢） 1755
坱 1805
yàng
煬 1235
黖 1250
怏 1320
恙 1325
漾 1343
羕 1446
yāo
祅（祆、妖） 19
葽 82
要 309
幺 441
枖 656
夭 1267
娱（妖） 1616
夗 1669
yáo
瑤 40
珧 41

悠	1324	宐（宜）	858	佁	963		
揖	1522	痍	886	顊	1070		
袻	1598	儀	951	慲	1296		
医	1648	尯	978	扅	1494		
繄	1712	歍	1047	螘（蟻）	1743		
蚏	1749	灰	1055	轙	1909		
墼	1806	嶷	1111	輢	1901		
陇	1937	狋	1208	㠯（以）	1972		
醫（医）	1985	夷	1265	乙	1953		

yí

珆	38	怡	1295	
荶	87	沂	1358	
咦	140	臣（頤）	1519	
臺	1490	酏（酏）	1519	
迻（移）	193	姨	1592	
遺	200	嫛	1607	
徲	211	乁	1633	
詒	276	匜	1650	
齹	434	瓵	1657	
簃	538	彝	1728	
飴	583	圯	1810	
欘	634	疑	1966	
栘	636	酏	1987	
移	645			

yǐ

菖（艾）	65
迆（迤）	197
齮	222
敼	322
矣	603
檥	664
旖	788
倚	943

椸	706
貤	734
貽	742
鄝	761
嗁	774
栘	816
宧	851

yì

瑛	38
冀	53
薏（薏）	63
鸃	74
虉	101
嗌	135
嶷	136
呭	145
赺	172
趨	172
齸	224
跇	235
啻	257
議	260
誼	269
詣	273
詍	280
譯	295
羿	304
异	304
弈	305

碣	1669			
繹	1674			
縊	1727			
垽	1787			
圪	1787			
壥	1806			
瘞	1807			
場	1812			
勩	1834			
軼	1914			
酏	1980			

yīn

禋	11
茵	103
喑	136
音	298
因	726
瘖	880
殷	989
駰	1173
慇	1323
濦	1354
洇	1365
湮	1401
霠	1462
闉	1498
捆	1559
姻	1586
堙	1802
陰（阴）	1924

yín

珢	38
崟	67
犾	88
唫	142
吟	156
齗（齦）	219
嚚	245
闓	259
狺	564
螾	565
尢	606
鄞	758
蟫	798
伒	985
垔	986
崯	1114
厰	1137
狋（狺）	1209
狱	1220
淫	1385
霪	1457
鱘	1470
婬	1626
蟫	1739
垠（圻）	1801
銀	1842
斦	1889
寅	1970
醋	1976

yǐn

听	145
趛	172
廴	215
靷	319
尹	333
㬎	446
蚓	689
歆（飲）	1054
憗	1297
濥	1368
乚	1645
引	1664
螾（蚓）	1734
釿	1843
輑	1902
隱（隐）	1936
蚓	1974

yìn

蔭	89
胤	468
檃	667
窨	867
印	1096
猌	1212
憖	1296
垔	1635
戢	1640
堷	1806
酳（醋）	1981

呦 162

攸 359

丝 441

幽 442

憂（忧） 616

櫌（耰） 678

鄾 755

優（优） 953

麀 1200

怮 1325

悠 1327

慐 1328

浟 1338

瀀 1407

蟉 1758

yóu

蕕 67

莜 110

鎉 186

試 293

肬 471

卤 547

畬（畂） 600

楢 633

櫾 652

郵（邮） 746

蕕 788

游（遊） 789

甹 802

蚰 1040

猶（猷、犹） 1217

油 1352

沋 1365

輶 1897

尤 1955

yǒu

壄 42

莠 53

友 336

羑 416

梄 702

有 795

牗 806

歐 1049

歒 1052

缹 1052

庮 1133

黝 1250

鮋 1468

酉 1975

yòu

祐（佑） 9

藟 67

右 149

趓 170

又 331

右 332

幼 441

卣（卣） 566

柚 630

囿 725

宥 858

疢 881

頖（疣） 1071

羑（誘） 1108

狖 1168

貁 1224

忧 1324

姷（侑） 1612

yū

菸（煙） 94

迂 205

瘀 881

扛 1271

淤 1418

扜 1573

紆 1682

yú

璵 25

瑜 25

玙 39

萸 83

余 122

趄 171

逾 189

衙 218

踰（逾） 228

諛 275

謣 285

舁 308

轩 319

羭 413

腴 466

奔 305	驈 1174	鞕 317
蘴 326	䴆 1199	智 378
聿 339	狺 1213	鸑 418
鷓 422	獄 1221	鴛 426
鶒 428	煜 1242	鳶（鳶） 432
歊 433	燠 1244	爰 445
鴿 434	馘 1254	昌 482
簀 520	惥 1309	刖 492
鬱（郁） 581	淯 1346	嚻 556
餕（飫） 589	淢 1372	餇 589
鹹 599	澳 1395	帑 912
槭 638	浴 1425	冤 1202
鬱（郁） 708	戫（或） 1443	悁 1318
賣 741	昃 1443	淵（淵） 1383
郁 748	霱 1461	嫚（娟） 1601
昱（翌） 778	閾 1500	蜎 1757
臧 796	嫗 1588	輀 1917
寓 861	或（域） 1638	yuán
瘉（愈） 890	綺 1695	元 3
罫 903	繘 1718	芫 81
價 950	蟜 1745	薗 87
裕 1005	蝛（蜮） 1760	趄 176
欹 1045	颶 1773	邍 205
欲 1046	銪 1853	圜 722
吷 1052	鋊 1856	圓 723
籲（吁） 1073	隩 1936	園（园） 725
預 1073	育（毓） 1968	員 728
飫 1101	醹 1983	祁 759
禹 1107	yuān	袁 1000
礜 1145	菟 69	沅 1341
豫 1170	遄 196	湲 1435

妠 1584

縜 1709

鈗 1871

yǔn

荺 88

蘊（蕴） 94

暉 135

趛 170

齳 221

允 1031

頤 1062

磒 1147

夽 1264

鞝 1277

霣 1453

抎 1544

阭 1928

隕 1932

yùn

運（运） 194

韻（韵） 300

鞰 314

餫 590

鄆 751

暈 783

瘨 878

覢 1037

惲 1292

愠 1319

緷 1678

縕 1726

孕 1963

醞（酝） 1976

Z

zā

帀（匝） 712

zá

雥 418

雜（杂） 1005

zāi

哉 146

栽（災、灾） 1240

巛 1444

甾 1640

zǎi

宰 857

崽 1516

zài

酨 329

再 440

縡 663

戠 763

洅 1406

縡 1730

在 1792

載 1910

儎 1986

zān

兂（簪） 1033

鐕 1862

zǎn

寁 860

儧 942

zàn

瓚 27

饡 586

贊 732

酂 745

暫 777

濽 1429

孨 1602

鏨 1858

zāng

臧 343

牂 413

zǎng

駔 1190

zàng

葬 118

奘（奘） 1209

奘 1280

zāo

遭 191

糟 836

傮 973

糟 1240

záo

鑿（凿） 1858

zǎo

璪 33

璪 38

邅 169
鸇（饘） 324
占 367
瞻 379
鸇 433
饘 584
旃 788
氈（毡） 1016
驙 1188
湛 1334
霑 1457
鱣 1466
蛅 1746

zhǎn

琖（盞） 43
膻 377
琖 543
展 1019
顫 1069
嫸 1619
嶘 1766
颭 1774
鏩 1878
斬 1918
醆（盞） 1980

zhàn

蘸 117
虥 563
棧 685
襢 990
袒（綻） 1006
棧 1115
湛 1401
戰（战） 1638
組（綻） 1711
轏 1919

zhāng

璋 30
蔁 71
章 299
鄣 761
粻 839
彰 1079
麞（獐） 1198
漳 1348
張 1663

zhǎng

爪 328
掌 1520

zhàng

丈 251
杖 687
帳 910
墇 1801
障 1936

zhāo

啁 152
釗 494
盄 567
柖 658
昭 771
鼂（朝） 785
佋 974
招 1539
鉊 1861

zhǎo

瑵 32
爪 327
叉 332
沼 1392

zhào

召 143
趙（赵） 173
詔 264
肇 352
卧 367
兆（兆） 367
罩 409
翟 413
櫂（棹） 707
旐 786
罩 897
照 1241
鮡 1480
肁 1494
肇（肇） 1635
垗 1808
隉 1939

zhē

遮 202

zhé

哲 142
讋 276

重 986
憧 1292

zhōu

周 150
賙 166
譸 278
鬻（粥） 325
鵃 421
侜 961
舟 1026
銂 1100
盩 1274
州 1444
婤 1598
輈 1907
輖 1912

zhóu

軸 1903

zhǒu

肘 465
疛 881
帚 914

zhòu

㖞 134
咮 161
詋（咒） 278
晝（昼） 340
胄 468
籀 514
宙 864
冑 894

驟 1184
甃 1659
紂 1716
縐 1723
酎 1978

zhū

珠 40
諸 66
茱 83
諸 256
誅 293
筑 531
朱 653
株 653
邾 756
豬（猪） 1158
洙 1358
潴（潴） 1436
絑 1695
鼅（蛛） 1778
銖 1864

zhú

筑 59
荒（朮） 80
趨 170
逐 201
躅 232
竹 511
筑 535
鱛 622
欘 678

瘃 885
舳 1027
燭 1237
泏 1384
孎 1609
斸 1886

zhǔ

鬻（煮） 326
丶 574
主 574
宝 864
罜 899
屬（属） 1024
麈 1198
渚 1360
陼 1938
翥 1948

zhù

祝 15
苧 60
邁 196
貯 387
騫 398
羜 412
箸 522
壴 554
黷 560
宔 567
築（筑） 663
柱 665
杼 684

倬	936		濁	1375		齌（粢、粢）	814
卓	981		汋	1380		穧	819
頔	1069		浞	1407		仔	957
炪	1228		濯	1427		齍	1009
涿	1404		擢	1555		頾（髭）	1078
捉	1535		窭	1615		厜	1137
拙	1561		啜	1619		齜	1224
鐯	1767		繳	1719		滋	1388
			蠗	1761		濱	1404

zhuó

琢	35		鐲	1865		賫	1457
茁	84		勺	1883		媸	1612
窨	139		斫	1886		姿	1617
啄	161		斮	1887		觜	1654
丵	301		斲（斫）	1888		緇	1699
輟	319		叕	1948		鎡	1858
豖	362		酌	1981		錙	1865
斀	363					輜	1895
騅	420	**zhuò**				孳	1965
浗	504		櫡	678			
籗	526	**zī**				**zí**	
椓	699		茲	89		蕺	88
穛	719		蓻	96			
糕	821		呰	143		**zǐ**	
篧	871		嗞	157		茈	69
斀（輟）	900		孜	355		莘	101
斲	1001		茲（兹）	443		呰	153
碏	1152		觜	505		啙	182
齱	1224		齌	566		訾	280
灼	1237		資	730		夈	481
焯	1241		貲	740		第	519
濁	1358		鄑	759		梓	636
			鼒（鎡）	808		弔	715
						秄	819

zuān

 鑽 317

 鑽（钻） 1863

zuǎn

 纂 524

 鄼 745

 纘 1681

 纂 1705

zuī

 脧 484

 騅 1177

 纗 1709

zuǐ

 觜 182

 濢 1387

zuì

 檇（槜） 699

 晬 783

 最 894

 罪 897

 辠 922

 嶉 1116

 辠（罪） 1959

 醉 1984

zūn

 遵 187

 鱒 1464

 繜 1708

 尊（尊） 1989

zǔn

 蓴 102

 噂 146

 撙（撙） 496

 僔 972

zùn

 捘 1524

 鐏 1872

zuó

 苲 116

 筰 527

 昨 777

 秨 818

 捽 1537

zuǒ

 𠂇 337

 左 541

 㘴 1270

zuò

 祚 22

 胙 473

 飵 588

 柞 639

 繫 840

 侳 947

 作 949

 怍 1332

 坐 1792

 阼 1940

 醋（酢） 1982

參考文獻

1. 段玉裁：《說文解字注》，上海古籍出版社，1988 年。

2. 湯可敬：《說文解字今釋》（增訂本），上海古籍出版社，2018 年。

3. 張舜徽：《說文解字約注》，中州書畫社，1983 年。

4. 王筠：《說文句讀》，上海古籍書店，1983 年。

5. 徐鍇：《說文解字繫傳》，中華書局，1987 年。

6. 朱駿聲：《說文通訓定聲》，中華書局，1984 年。

7. 桂馥：《說文解字義證》，上海古籍出版社，1987 年。

8. 徐灝：《說文解字注箋》，《續修四庫全書》影印清光緒二十年徐氏刻民國三年補刻本。

9. 許慎：《宋本說文解字》，國家圖書館出版社，2017 年。

10. 許慎：《說文解字》，中華書局，2013 年。

11. 李宗焜：《唐寫本說文解字輯存》，中西書局，2015 年。

12. 董蓮池：《說文解字考正》，作家出版社，2004 年。

13. 董蓮池：《說文部首形義新證》，作家出版社，2007 年。

14. 于省吾：《甲骨文字釋林》，商務印書館，2010 年。

15. 王念孫：《廣雅疏證》，中華書局，1983 年。

16. 唐蘭：《中國文字學》，上海古籍出版社，2023 年。

17. 郭沫若：《甲骨文字研究》，人民出版社，1952 年。

18. 郭沫若：《卜辭通纂》，科學出版社，1983 年。

19. 容庚：《金文編》，中華書局，1985 年。

20. 羅振玉:《增訂殷虛書契考釋》,朝華出版社,1981 年。

21. 李孝定:《甲骨文字集釋》,中央研究院歷史語言研究所,1974 年。

22. 徐中舒主編:《漢語大字典》(第二版),四川辭書出版社,2018 年。

23. 羅竹風主編:《漢語大詞典》(第一版),漢語大詞典出版社,1994 年。

24. 宗福邦主編:《故訓匯纂》,商務印書館,2003 年。

25. 裘錫圭:《文字學概要》,商務印書館,2013 年。

26. 李運富:《漢字學新論》,北京師範大學出版社,2012 年。

27. 李家浩:《著名中年語言學家自選集·李家浩卷》,安徽教育出版社,2002
    年。

28. 黃侃:《說文箋識四種》,中華書局,2006 年。

29. 黃侃:《黃侃論學雜著》,上海古籍出版社,1980 年。

30. 曾良、陳敏:《明清小說俗字典》,廣陵書社,2018 年。

31. 曾良:《俗字及古籍文字通例研究》,百花洲文藝出版社,2006 年。

32. 曾良:《明清小說俗字研究》,商務印書館,2017 年。

33. 黃征:《敦煌俗字典》(第二版),上海教育出版社,2019 年。

34. 張書岩等:《簡化字溯源》,語文出版社,2014 年。

35. 蘇培成:《漢字簡化字與繁體字對照字典》,中信出版社,1992 年。

36. 陳光垚:《簡化漢字字體說明》,中華書局,1959 年。

37. 易熙吾:《簡體字原》,中華書局,1955 年。

38. 李學勤:《字源》,天津古籍出版社、遼寧人民出版社,2012 年。

39. 李樂毅:《簡化字源》,華語教學出版社,1996 年。

40. 陸錫興:《漢代簡牘草字編》,上海書畫出版社,1989 年。

41. 張涌泉:《漢語俗字研究》(增訂本),商務印書館,2010 年。

42. 張涌泉:《敦煌俗字研究》,上海教育出版社,2015 年。

43. 王雲路:《中古漢語詞彙史》,商務印書館,2010 年。

44. 蔣禮鴻:《敦煌變文字義通釋》,浙江大學出版社,2016 年。

45. 許嘉璐:《中國古代衣食住行》,北京出版社,2021 年。

46. 許嘉璐:《論同步引申》,《中國語文》,1987 年第 1 期。

47. 蔣紹愚:《古漢語詞彙綱要》,商務印書館,2005 年。

48. 路廣正:《訓詁學通論》,天津古籍出版社,1996 年。

49. 路廣正:《景石齋訓詁存稿》,齊魯書社,2022 年。

50. 楊琳：《諧聲字以「諧韻」為原則說》，《中國文字研究》，2013 年第 2 輯。

51. 楊琳：《訓詁方法新探》，商務印書館，2011 年。

52. 楊琳：《論相鄰引申》，《古漢語研究》，2015 年第 4 期。

53. 楊琳：《詞語生動化及其理論價值》，《南開語言學刊》，2012 年第 1 期。

54. 楊琳：《語文學論集》，人民出版社，2019 年。

55. 楊琳：《論先秦一車駕三馬之制》，《考古》，2014 年第 5 期。

56. 郭在貽：《訓詁叢稿》，上海古籍出版社，1985 年。

57. 郭芹納：《訓詁學》，高等教育出版社，2005 年。

58. 徐中舒：《耒耜考》，《農業考古》，1983 年第 1 期。

59. 殷孟倫：《子雲鄉人類稿》，齊魯書社，1985 年。

60. 馬敘倫：《說文解字六書疏證》，上海書店，1985 年。

61. 張相：《詩詞曲語辭匯釋》，中華書局，1962 年。

62. 姜亮夫：《昭通方言疏證》，上海古籍出版社，1988 年。

63. 楊樹達：《積微居小學述林》，中華書局，1983 年。

64. 章太炎：《國故論衡》，嶽麓書社，2013 年。

65. 周秉鈞：《白話尚書》，嶽麓書社，1990 年。

66. 劉永華：《中國古代車輿馬具》，清華大學出版社，2013 年。

67. 黃金貴：《古代文化詞義集類辨考》（新一版），商務印書館，2016 年。

68. 黃金貴、曾昭聰：《古代漢語文化百科詞典》，上海辭書出版社，2016 年。

69. 王鳳陽：《古辭辨》，吉林文史出版社，1993 年。

70. 孫機：《中國古代物質文化資料圖說》，中華書局，2010 年。

71. 王圻、王思義編：《三才圖會》，上海古籍出版社，1988 年。

72. 李學勤：《談「張掖都尉棨信」》，《文物》，1978 年第 1 期。

73. 朱翠翠：《秦漢符信制度研究》，上海師範大學碩士論文，2009 年。

74. 鄭張尚芳：《上古音系》（第二版），上海教育出版社，2013 年。

75. 鄭張尚芳：《鄭張尚芳語言學論文集》，中華書局，2012 年。

76. 何九盈：《上古音》，商務印書館，1991 年。

77. 李方桂：《上古音研究》，商務印書館，2015 年。

78. 唐作藩：《上古音手冊》，江蘇人民出版社，1982 年。

79. 郭錫良：《漢字古音手冊》，商務印書館，2010 年。

80. 郭錫良：《漢字古音表稿》，中華書局，2020 年。

81. 潘悟雲:《漢語歷史音韻學》,上海教育出版社,2000 年。

82. 潘悟雲:《音韻論集》,中西書局,2012 年。

83. 潘悟雲:《著名中年語言學家自選集‧潘悟雲卷》,安徽教育出版社,2002年。

84. 王力:《漢語史稿》,中華書局,2004 年。

85. 王力:《同源字典》,商務印書館,2002 年。

86. 施向東:《音史尋幽》,南開大學出版社,2009 年。

87. 施向東:《漢語和藏語同源體系的比較研究》,華語教育出版社,2000 年。

88. 曾曉渝:《語音歷史探索:曾曉渝自選集》,南開大學出版社,2004 年。

89. 李新魁:《李新魁音韻學論集》,汕頭大學出版社,1997 年。

90. 李新魁:《古音概說》,廣東人民出版社,1982 年。

91. 李新魁:《李新魁語言學論集》,中華書局,1994 年。

92. 張富海:《古文字與上古音論稿》,上海古籍出版社,2021 年。

93. 季旭昇:《說文新證》(修訂版),藝文印書館,2014 年。

94. 高本漢:《中國音韻學研究》,商務印書館,2003 年。

95. 陸志韋:《古音說略》,中華書局,1985 年。

96. 〔加〕蒲立本:《上古漢語的輔音系統》,中華書局,1999 年。

97. 沈兼士:《「右文說」在訓詁學上之沿革及其推闡》,山西人民出版社,2014年。

98. 賀福凌:《上古音諧聲研究》,南京大學博士論文,2004 年。

99. 汪榮寶:《歌戈魚虞模古讀考》,《國學季刊》第 1 卷第 2 號,1923 年。

100. 許寶華、〔日〕宮田一郎:《漢語方言大詞典》,中華書局,1999 年。

101. 李榮:《現代漢語方言大詞典》(全 6 卷),江蘇教育出版社,2002 年。

後　記

　　這是一本面向當代文科大學生及文字學、國學愛好者的普及性文字學著作，也是一本幫助讀者提高文言文閱讀水平，強化國學根基的語文工具書。

　　東漢許慎的《說文解字》（後簡稱《說文》）是我國歷史上第一部字典，也是我國歷史上第一部成系統的文字學著作。其價值主要體現在兩個領域：一是文字，二是訓詁。

　　《說文》雖係文字學著作，其實它的訓詁價值要在文字之上。《說文》在四大訓詁專書中雖位列第二，但它的規模和釋詞數量要比《爾雅》多得多。朱駿聲曾仿《爾雅》體例編著《說雅》，比較《爾雅》和《說雅》，其部頭和容量差別判然。《說文》的本旨是解釋本義，但很多字解釋的其實是引申義。《說文》收字 9353，其中生僻字居半，除去這些生僻字，現今 4000 多個常用字都在《說文》中有過解釋。在沒有《古漢語常用字字典》類工具書的古代，若把《說文》作為提高文言文水平的「必備詞彙總表」來掌握，應該說是八九不離十。老山東大學中文系訓詁學專業的學生，床頭必備兩本書，一是《說文》，二是《廣韻》，以《說文》來打文字、訓詁之根基，良有以也！

　　在中國傳統的經典當中，我最熟悉的當數《詩經》，這得益於我的童子功。上初中之前，在先祖父的訓導之下，《國風》部分除了篇幅較長的《豳風・七月》，我基本都能背誦如流，雖然不知詩句所表何義，但就是被硬生生塞進了腦子裏。大學讀了中文系選擇了古漢語專業之後，我才意識到這竟然是我步入國學殿堂的「第一桶金」。那麼我的「第二桶金」無疑就是《說文解字》了。

　　十餘年來，在黃侃先生所列的「小學十部根柢書」中，我對《說文》一書

致意尤多。大二時我即在開封一家古舊書店買過一本影印版的《說文》，寒假時曾瀏覽一過，後嫌其印刷質量不精轉贈他人。大三時偶然翻閱外祖父家的家譜（外祖父家亦姓許氏，世居河南開封附近），赫然發現竟是叔重之餘脈，驚喜之餘，遂戲稱《說文》為「舅氏之書」。2005 年保研結束，由於不用備考研究生，給我騰出了整整一年的時間來練「內功」。當時給我上「《說文》學」「音韻學」選修課的是路廣正老先生。路先生是殷孟倫先生之弟子，而孟倫先生精研《爾雅》，又是黃侃先生的高足。章黃學派治學最重根基，按照路先生的指點，我熟練背誦了《爾雅》的前三篇，又以王力主編的《古漢語常用字字典》為綱，把其收錄的 4200 多個常用字的《說文》解釋都抄寫在相應的字頭下。以《說文》本義為起點，結合《爾雅》之解釋，來掌握一個字的所有引申義和假借義。晚上抄錄，白天背誦。這樣堅持了一年，到大四畢業的時候，《古漢語常用字字典》上每個字每個義項我基本爛熟於心，這 4200 多個常用字的《說文》解釋我也基本能夠脫口而出。為了檢驗「練功」的效果，我重讀《聊齋誌異》，讓我既驚又喜的是，往日讀起來需要不斷翻字典的文言文，現在居然可以順暢無礙了！當時之心情，無以言表，一掃自高中古書閱讀之積霾，猶撥雲見日，啟滯發懵，「快」定思「快」，「快」何如哉！

　　喜出望外之餘，我對《說文》的重要性有了更深刻的認識。僅僅停留於《說文》常用字的掌握對踏入「《說文》學」之堂奧來說僅僅是第一步。讀研階段，我結合湯可敬先生的《說文解字今釋》，通讀了段玉裁的《說文解字注》（以下簡稱《段注》）和張舜徽先生的《說文解字約注》，並把《段注》溝通字際關係和詞際關係的論斷標注在相應的字頭下面。我的碩士畢業論文即是對《說文解字約注》中的同源詞展開的研究，獲得了當時作為答辯委員會主席的李運富先生的好評，並被評為當年山東大學優秀碩士學位論文。執鞭數載以來，《段注》仍是我從事教學、科研必備的案頭大典。我對《段注》的研讀也從未中輟，每年一度的文字學選修課，《段注》更是必講的內容之一。《段注》博大精深，精見迭出，位列「《說文》四大專書」之首，段玉裁由此榮坐「清代文字學第一把交椅」，洵乃當之無愧，實至而名歸。但是《段注》多半艱澀難懂，不熟稔《說文》原文，不可讀《段注》。現在很多大學老師動輒給本科生推薦《段注》，這是很無知的表現。這種老師，多半沒讀過《段注》。

　　《段注》猶如一座寶山，讀《說文》不可不讀《段注》。長期以來，我

一直有一個想法，能否搞一個面向大學生、研究生和國學愛好者的《說文》簡注本。這個注解本以提高讀者的文言文閱讀能力為宗旨，既包括段注論斷的精華部分，也包括其他學者的獨到見解；既有字形的說解，又能羅列一個字的常用義項，勾勒一個詞的詞義引申、假借的脈絡；既有文字本體的解釋，又能旁涉漢字文化。執此一編，初學《說文》者可以執簡馭繁，初窺文字、詞彙之堂奧，打下良好的國學根基。但是，從清代以降直至當代，研究《說文》的著作不下幾百種，《說文》的校注本、今注今譯本、白話本等也都相繼出現，這對讀者瞭解、研究、使用《說文》起到了很大的作用。但遍覽坊間流佈的這些著作，要麼過於專精，要麼過於簡單。而且多重字形，少涉詞義，就字論字者多，就字論詞者少。即使通釋性的注譯本，注解或艱深難懂，或不得要領，這對《說文》的廣泛普及多有不利。

我們現在推出的這個《說文》今注本，算是我多年研習《說文》之體會和感受的一個總結，也可以說是我心目中的《說文》注解本。簡而言之，本書有以下六大特徵：

一、旨在實用

本書旨在提高讀者的文言文閱讀水平，故注解具有選擇性。古今詞義差別不大或太簡單者無需出注，對閱讀古籍用處不大的生僻字一般不注，個別對閱讀或闡釋詞源有價值者點到為止，常用字則多施筆墨。《說文》的通釋本往往見字就出注，這對一般讀者意義不大。

二、濃縮《段注》

本書可謂《段注》之「精華本」。《段注》分析字形、論證古義、闡述文化、闡明體例等內容的精華部分大多囊括殆盡，學人執此一卷，不必煩惱於《段注》之雜蕪尨亂、古奧艱深。《段注》個別考據精妙絕倫，足以發覆前說，啟滯開蒙，縱整段摘引，不減一字，在所不避。餘者擷其精華，去其煩蕪，縱隻言片語，亦採納無遺。欲初涉文字訓詁門徑者，可只看我的注解部分；欲登入《說文》、國學堂奧者，則可進一步研讀《段注》部分。

三、闡明體例

《說文》及《段注》的「連篆為讀」「一句數讀」「造字時有假借」「引申假借」「讀若」「形借」「複舉字」「即形為義」「異部重文」「同部重文」等重要體例都隨文點出。「同步引申」「相鄰引申」「訓讀（義同換讀）」等重要詞彙理論也都隨字闡明。

四、溯源字形

個別文字羅列甲骨、金文等古文字字形，釋文採取學界通說，一般以《漢語大字典》之採擇為依據。簡體字一般要交代其來源。特別是現行的很多簡體字來源於草書楷化字形，而草書楷化又是《說文》注解者措意不多之處，故凡是草書楷化字形則明確指出。觀點多為學界通說，個別字形則參以己意。

五、重在訓詁

本書解字重在訓詁。包括溝通字際關係和詞際關係，點明詞義的本字和假借字，梳理常用詞的常用義項，系聯同源詞，辨析同義詞，揭示詞義引申規律等。這是本書的精華所在，也是讀者提高文言文閱讀水平最需掌握的要點。

六、旁涉文化

《說文》之注本鮮有旁涉漢字文化之例，本書個別文化詞則點明其背後之文化內蘊，以助讀者加深對字詞之理解。如姓氏之源流演變、古代溝洫制度、國野制、五門三朝制、古代紡織技術、月相等。

有此六端，相信這本小書能夠達到我的預期效果。學武需要練內功，內功深厚者，即使招數平平也能化腐朽為神奇。練內功需要內功心法，全真派的內功心法向來是武學之正宗；學國學同樣需要練內功，國學內功也需要有內功秘籍。如果說《說文》是練國學內功的首選秘籍，那麼我希望這本小書會帶你走進掌握這本秘籍的快速通道。

編撰這本小書，耗費了我整整七年的時間。這本小書是我十餘年來學習《說文》的一個總結。十餘年來，常伴我左右的是班吉慶教授的《說文解字校訂本》。這個本子的每一個字頭下面，都密密麻麻地布滿了我當年學習《說文》的札記，或抄錄大家的經典論斷，或記錄自己的一管之見。而且不同的學習階段用不同顏色的筆來記錄，紅色的、藍色的、灰色的筆跡盈目皆是，煞是好看。現在這些記錄都被我錄入電腦成為這本小書注釋的重要組成部分，這些往日的札記多半也是本注解的精華所在。

「十年磨一劍，一朝試鋒芒」，編著這類準學術性的國學著作，是有能者不屑為，無能者不能為的苦差事，注解《說文》這個硬骨頭尤其如是。若非有當年大學時代的童子功及名師點撥後初窺其門徑，無論如何也不敢涉此專書。而且對我這樣一個科研任務繁重的青年學者來說，幹這種非前沿性的準學術研究，多少有些「不務正業」的感覺。這本小書的完工，前後凡「浪費」了七個寒暑。從 2017 年起，我承擔了教育部和國家社科基金項目，迄今一直從事

《中華道藏》的校正工作和涵芬樓《道藏》訛誤考據研究，這兩項科研任務佔據了我太半的時間，加上本科生、研究生的授課任務，使我很難有空餘的時間旁騖其他。日不暇給，則焚膏繼晷似乎成了必然的邏輯，所以這本小書基本是在披星戴月的境況下完工的。但我的腦神經衰弱頑疾又不允許我過度熬夜，超過夜半往往徹夜難眠。無奈之下只能啟用我自己摸索出來的但亦不敢輕易再用的治療神衰的土辦法——酒精催眠，可以說本書的二稿、三稿、四稿、定稿基本是用酒精泡出來的。稿件修改期間，常常幹到凌晨兩點，通宵達旦、「夜興夙寐」實為家常便飯。約略估計，我大致喝掉了 30 多瓶牛欄山和 100 多斤桶裝紅酒，這比起我的用 200 多瓶二鍋頭和 300 多瓶啤酒泡出來的博士論文，已經是小巫見大巫了。

　　前人常用嘔心瀝血來形容創作之艱辛，對此我深有同感。然頗聊以自慰的是，「嘔心」我常見，「瀝血」尚未曾，連頭髮竟然也很爭氣未見少脫，仍可謂「鬒髮如雲，不屑髢也」。遠在河南老家的母親常打電話提醒我不要幹的太苦，但學者著書立說之本能，繼往聖絕學之使命，大學老師教研之雙重任務，使我不能有絲毫之懈怠。執鞭數載以來，即使在外大相對較為輕鬆的科研環境下，我仍舊保持著學生時代的學習習慣，雖不能說是分秒必爭，不廢時日，但起碼也是歷月經年，不輟寒暑。作為學校的科研骨幹，我耗費的腦力勞動，死掉的腦細胞，恐怕要比尋常單純教課的老師多的多。個中甘苦，如人飲水，冷暖自知。古諺有云：順親為孝，盡心曰忠。在我傾心矻矻以求之學術面前，忠孝實在是難兩全了。學高為師，身正為範，作為一個以「傳道、授業、解惑」為己務的大學中文系老師，我更希望小輩學子們分享我自己的學習經歷和經驗，一來可以免走彎路，二來可以培養國學的苗子。倘能獲此二利，我編這本小書的願望殆可謂畢矣！

　　天津外國語大學中文系 161104、161105 班的學生幫助將影印本《說文》錄入電腦，並整理小篆圖片，其中高岳、羅溧溧、丁藝軒、俞佳琪、安超凡、劉楊、白宇晨、呂天驕、王月琪等同學用力尤多。友生馬蕭蕭、趙雪平、王帥、孫森、吳昌政、陳博妍、薛歡、穆一清、商桑等同學幫助校對了初稿。171104、171105 班的學生幫助制定了《漢語拼音檢字表》並錄入十五萬字的二稿補充文字。研究生王錦輝賢友通校了二稿，一絲不苟，用功尤勁。劉競雯、王思媛、李雅萱三位研究生幫助錄入了《漢語拼音檢字表》的所有頁碼，省卻了我大量的勞動。安超凡友生在畢業後仍幫助把小篆圖片替換成清晰的

北師大小篆文字，讓我尤為感佩。

我的授業恩師、《說文》學專家、山東大學教授路廣正先生以八十歲高齡撥冗賜序，並獎掖有加，是對我莫大的鼓舞。馬祝凱女士通讀把關了初稿，修改了諸多體例和文字上的硬傷，使書稿的質量得到了提高。花木蘭文化事業有限公司副總編輯楊嘉樂女士負責本書出版的具體事宜，對本書的順利付梓給予了積極的幫助和支持，付出了大量的心血。編輯主任許郁翎女士在本書的編輯設計、文字處理等方面也付出了辛勤的勞動。在此謹向以上師友表示誠摯的感謝和由衷的敬意。

最後，衷心感謝花木蘭文化事業有限公司為本書提供出版機會。十餘年來，花木蘭文化事業有限公司秉承發揚中華文化，促進國學研究的理念，為學術界免費出版了大批高質量的學術著作，這是支持學術發展、促進學術繁榮、造福學術事業的盛事與善舉，功在當今，澤福後世。本書承蒙不棄，忝列其中，幸何如之！在學術著作出版相對慘淡的今天，如果沒有花木蘭文化事業有限公司的盛情厚意，這部百餘萬字的國學著作恐怕要永藏篋底了。謹此再次向花木蘭文化事業有限公司致以最崇高的敬意！

牛尚鵬　於天津鹹水沽

2017 年六月徂暑　初稿

2019 年四月維夏　二稿

2020 年序屬三秋　三稿

2023 年正月繁霜　四稿

2024 年歲惟元辰　定稿